Weit gespannt ist der Bogen dieser Gedichte: von der Antike bis in die unmittelbare Gegenwart, von der Heimatstadt Dresden über die Kontinente bis hin zu Saturn und Venus, die »entgleist ihre Runden drehn. / Wenn im Teilchenzoo Ordnung herrscht und ihr kennt jedes Gen«, von der Mikro- zur Makrowelt und zurück.

»Und hinter allem steckt eine Liebe zum Lebendigen, Vergänglichen, die den Körper und alle Phänomene rings um ihn her noch einmal – metaphysisch – umfängt.«

Der Band enthält Gedichte aus den Jahren 1994-1999.

Durs Grünbein

Nach den Satiren

Suhrkamp

1. Auflage 2018

Printed in Germany
Umschlag: hißmann, heilmann, hamburg
ISBN 978-3-518-24197-4

Für Eva Sichelschmidt

Historien

In der Provinz 1

(Normandie)

Eingefallen am Bahndamm,
Liegt ein Hundekadaver quer im Gebiß
Kreideweiß numerierter Schwellen, erstarrt.

Je länger du hinsiehst, je mehr
Zieht sein Fell in den Staub ein, den Schotter
Zwischen den Inseln aus frischem Gras.

Dann ist auch dieses Leben, ein Fleck,
Gründlich getilgt.

In der Provinz 2

(Auf Gotland)

Nur dies gab es auf lange Sicht hier, diesen Wellenfluß
Von Landschaft, fokussiert in einem Bussardauge, –
Die kahlen Hügel, einen Feldweg und am Rand
Die Hasenpfote im Gebüsch, vom Wind zerzaust
Ein abgenagtes Sprunggelenk, das in der Hand
So leicht wog wie ein Vogeljunges,
Das noch beweglich war, noch warm war und heraus
Sprang aus der Pfanne, blutig wie die Beute
Des Grauen Würgers auf dem Dorn der Eberesche, –
Ein kleiner Knöchel, winkend mit dem Fetzchen Fell.

Sah so der Rest von einem Hasen aus, nachdem
Der Schatten eines Flügels über ihn gekommen war,
Den Zickzacklauf ein Krallengriff, den flachen Atem
Gezielter Schnabelhieb beendet hatte? Unbequem
Muß dieser Tod gewesen sein, auf winterlicher Erde
Wehrlos verrenkt, die letzte Zuckung.
Was vom Gemetzel übrigblieb, hing in den Zweigen,
Die sich an nichts erinnern wie bestochne Zeugen.
Das Gras, längst wieder aufgerichtet, sorgt dafür,
Daß es auf lange Sicht nur dies gab hier, den Hasenfuß.

In der Provinz 3

(Böhmen)

Die Stille um einen toten Maulwurf
Am Rand eines Weizenfeldes, sie trügt.
Unter ihm sammeln sich Käfer, bewaffnete Kräfte
In schwarzer Uniform. Über ihm kreist,
Bevor er abdreht, die Flügel zerzaust, ein Habicht.
Ameisen graben, Kommandos im Eilmarsch,
Am Rückgrat entlang eine Rinne. Im Innern
Laufen die Drähte heiß, wimmeln nervöse Maden
An der Börse der Eingeweide. Vom Bauchfell
Tragen fliegende Händler (oder sind es Reporter)
Die Botschaft in alle vier Winde: Ein Aas, ein Aas!
Nur eine Grille, einen Sprung weit entfernt,
Liest in den Wolkenzügen und sonnt sich
Schweigend, ein stoischer Philosoph.

In der Provinz 4

(Campania)

Wie der Gekreuzigte lag dieser Frosch
Plattgewalzt auf dem heißen Asphalt
Der Landstraße. Offenen Mauls,

Bog sich zum Himmel, von Sonne gedörrt,
Was von fern einer Schuhsohle glich –
Ein Amphibium aus älterer Erdzeit,
Unter die Räder gekommen im Sprung.

Keine Auferstehung als in den Larven
Der Fliegen, die morgen schlüpfen werden.

Durch welche Öffnung entweicht der Traum?

In der Provinz 5

(Bei Aquincum)

Wie vom Reisewagen gestreift eines fliehenden Siedlers
Lag auf der Römerstraße die tote Amsel, zerfetzt.

Einer, der immer dabei war, den nie was anging, der Wind
Hatte aus Flügelfedern ein schwarzes Segel gesetzt.

Daran erkanntest du sie, von fern, die beiseitegefegte,
Beim Einfall der Horde an die Erde geschmiegte Schwester.

Ob Daker und Hunnen, Mongolenpferde und Motorräder –
Schimpfend hatte sie abgelenkt von der Nähe der Nester.

Mehr war nicht drin. Sieht aus, als sei sie gleich hin gewesen.
Der miserablen Sängerin blieb nur sich querzulegen.

Damals im Staub grober Quader, heute auf nassem Asphalt.
Immer war Völkerwanderung, meistens Gefahr auf den Wegen.

Klage eines Legionärs aus dem Feldzug des Germanicus an die Elbe

Nichts ist schlimmer als dieser tödliche Rückweg
Nach einer Schlacht, und der Gedanke daran
Wochen bevor der Feind sich gezeigt hat.
Todfinster ist das Gesicht des Feldherrn,
Die Truppe erschöpft, kein Eilmarsch mehr möglich.
Hinter den Schilden geht schweißnaß, die Füße wund
Der Rest der noch Unverletzten. Im Dauerregen
Sind die Straßen im Schlamm versunken, die Wälder
Ein einziger Hinterhalt, und die Barbaren in Rudeln
Beißen sich Stücke aus unseren Rücken, die Wölfe.
Wer nicht im Nordmeer ertrank, fern der Heimat,
Den schlucken die Sümpfe, weit weg von Rom.
Über Nacht hält Morast die ganze Legion,
Tags sind es morsche Dämme, brüchige Leitern,
Von deren Rand mit gebrochenen Fingern
Der Einzelne abrutscht. Das Land liegt im Nebel
Wie eine Inselgruppe im Meer... *Germania Magna,*
Wo die Wälder noch dicht sind, kein Baum
Auf dem Ozean treibt als Galeerenbank
Oder als brennender Schiffsrumpf. Aussichtslos
Ist der Krieg um Provinzen groß wie ein Erdteil,
Um Gebiete, die nicht zu halten sind,
Außer durch neuen Krieg. In den waldigen Tiefen
Verliert der Triumph sich, die lateinische Ordnung.

Und kommst du endlich, um Jahre gealtert, nach Haus,
Steht der Germane in deiner Tür, und es winkt dir
Das strohblonde Kind deiner Frau.

Kleinigkeiten nach Christus und Juvenalis

I. Eine Straßenszene

»Hast du die jungen Dinger gesehen, zu zwein, straff die Brust?
Hand in Hand sind sie geschlendert, schnäbelnd, am Vicus Tuscus,
Zwei Turteltauben. Mein Kutscher legte sich fast auf den Gaul.«

»Daß du mit siebzig und Wasser im Bein immer noch gaffen mußt,
Anstatt deinen Plinius zu lesen, Alter. Du und dein Ulcus,
Ihr seid schon Stadtgespräch in den Thermen.

Und deine willigen Tauben, gut geölt und in Schwärmen,
Fliegen längst anderen Kinderschändern ins Maul.«

II. Ein Betrunkener nachts an der Via Appia

»Gott der Augenärzte, was seh ich da? Schränke am Wegrand.
Seid ihr bei Trost, eure sterblichen Reste hier abzuladen
Vor aller Augen, Römer, ein Bild des Familienidylls?

Lumpen ihr, in euren fleischfressenden Kästen
Kommt heraus, wenn ihr Mumm habt. Steht auf und geht...

Lazarus hat es euch vorgemacht, ihr ungläubige Bande.
Nehmt euch ein Beispiel an ihm, der schon tot war und stank.
Ein Wort seines Herrn, und er wankte gelenkig aus kalter Gruft.

So rappelt euch auf, schüttelt den Staub aus den alten Knochen.
Worauf wartet ihr, mächtig stolz, weil ihr einmal gelebt habt
Mit Sklaven und Schmuck und Pennaten, und jetzt ist da nichts.

Macht, daß ihr wiederkehrt, lauft, sonst war alles umsonst.
Kein Hahn kräht nach euch, wenn ihr liegenbleibt, wo ihr liegt
In marmornen Schachteln, zwischen Fresken, zerfressene Leiber.

Büßen werdet ihr, hoch auf den Sockeln, mit euren Büsten,
Wenn das Gebein unauffindbar ist und der Schädel, die taube Nuß.
Man wird sie euch kappen, Nasen und Ohren, wird sie verwüsten

Die schönen Reliefs. Mit dem guten Gewissen der nächste Christ
Schlägt euch den Arm ab, das Bein, löscht eure Namen,
Elende Torsi. (Ich hoffe, ihr wißt, was das ist.)«

III. In enger Kammer, hastig und unbequem

Leg dich flach, Domitilla, ich hab gesagt, leg dich flach.
Ich will deine Stirn nicht sehn mit dem Aussatz.
Dein Grinsen macht impotent. Mit dir unter einem Dach
Zu sein, hält nur aus wer sich wegdreht zur Wand.
Zieh den Bauch ein und streck mir den Arsch entgegen,
Domitilla oder wie immer du heißt. Stütz dich auf.
Quatsch, ich bin nicht betrunken. Auch nicht verlegen.
Beweg dich, Meduse, nimm dein Haar vors Gesicht.
Und ich will, daß sie glänzen, du weißt ja. Schön naß
Solln sie sein, beide Backen wie Spanferkelrücken.
Komm leg los, Domitilla, und schiel nicht. Die beiden As
Sind dir sicher. Mach schon, ich will mich verdrücken.

IV. Kein gutes Omen

Freunde, was ist das? Seit Tagen quält mich ein Traum,
Immer derselbe. Ich kann nicht mehr ruhig schlafen.
Da lieg ich entspannt auf dem Rücken, weinselig, und kaum
Hab ich die letzten Flocken vom Schwanz abgeschüttelt,
Fährt mir ein Blitz durch die Lider. Dem ärmsten Sklaven
Kann es nicht schrecklicher gehen. Was muß ich sehn?
Eine lange Säulenflucht, hitzeflimmernd im Mittagslicht.
Ich bin allein dort im Wald, und bewaffnet mit Knütteln,
Hinter einer der Säulen, ich riech es wie Knoblauchzehen,
Warten stumm meine Mörder. Sie bewegen sich nicht.
Doch ich weiß, daß sie da sind. »*Die tausendste Säule*
Wird dir leicht zum Verhängnis, lebst du so wie bisher«,
Hat für Geld mir ein Perser geweissagt. Was soll ich tun?
Soll ich weniger essen? Kommt der Traum hinterher,
Wenn ich rausfahr aufs Landgut? Soll ich opfern? Ein Huhn?
Jeder Spiegel, behaucht, trübt sich, Freunde. Vor Fäule!

V. Ein bedenklicher Gast an der Tafel bei Kaiser Nerva

Nein, ich hab manches gesehn, und der Anblick von Blut
Kann ein Genuß sein, schützt etwas Tuch die empfindliche Nase.
Weniges schreckt mich noch, leider. Doch was ich heut sah,
War selbst dem Arenenfreund, dem Ritter der ersten Reihe, zuviel.

Für den Kennerblick nichts Besondres: Der übliche Leichenberg –
Gliedmaßen aller Nationen, ein zuckendes Völkergemisch,
Und daneben die Tierkadaver, die allerneusten Chimären,
Krokodile mit Löwenkopf und so weiter. Doch dann geschah's.

Wer seinen Augen traut, dacht ich noch, muß verrückt sein.
Beim Tor der Todesgöttin war es. Ein alter Secutor
Schlägt seinen Eisenhaken in die Brust eines jungen toten Gladiators
Und zieht ihn, ein Fischkoch, durchs Paniermehl aus heißem Sand.

Und was tut die Menge? Schaut gar nicht erst hin. Der blicklose Koloß,
Der neronische Travertin hallte wider von Jux und Hallo.
Grüße flogen und Tücher... Bis kein Mensch mehr war, was da lag
Am Grund des Zyklopenaugs. Denkt euch, da hab ich geweint.

VI. Am Flußhafen von Aquilea

»Wie still es heut ist. Irgendwas fehlt hier. Den ganzen Tag
Will mir ein Rätsel nicht aus dem Kopf, das besagt:
Was dir fehlt, merkst du erst, wenn dir endlich einfällt,
Daß du es niemals vermißt hast. Doch schon ist es fort.«

»Hat es dir keiner erzählt? Die kleine Fabritia,
Die so gern bei den Schiffen spielte und in den Speichern
Jeden zum Lachen brachte mit ihrem Spitzmausgesicht –
Gestern hat sie der Vater begraben. Kaum fünfzehn Jahr
Ist sie alt geworden und schrieb doch schon Tagebuch.
Du warst dabei, wie sie der Esel erschreckt hat,
Den dieser Stumme, der immer den Rotz hochzieht,
Manchmal beim Packen am Kai vergißt. Wie sie starr
Vor Entsetzen das Tier ihren Strauß Hyazinthen
Auffressen sah, – und wir lachten anstatt ihr zu helfen.
Jetzt ist sie tot. Wie es heißt, an einer Krankheit gestorben,
Die nicht einmal Herodot kennt oder gar unser Quintus.
Dieser Neunmalkluge hat noch ihr Blut untersucht,
Und gefunden hat er nichts als ein Haar seiner Katze,
Weil die um die Schüssel herumstrich, das blutgeile Vieh.
Erst stirbt die Mutter, dann gehen dem Vater am Pontus
Vier seiner Schiffe verloren, und schließlich das Kind.
Jetzt hat sie sich aufgemacht Richtung Westen, begleitet
Von Tritons Delphinen, den ersten in ihrem Leben.«

»Du meinst, diese Kleine, die so oft von Delphinen sprach?
Die sich immer an Bord schlich, und kaum versteckt,
Gab sie uns Zeichen und rollte die Augen und machte ›Pst!‹.
Bis sie der Vater holte und forttrug, die heftig Zappelnde,
Jedesmal mit demselben Wehmutsblick. Meinst du die?«

»Was glaubst du? Ob wir sie beide wohl noch mal sehn?
Thanatos hält sie, der alte Kinderschreck, jetzt unterm Arm.«

VII. Ein Rhinozeros wird im Zirkus gezeigt

Wirklich, was Prächtiges rangeschafft hatten sie da.
Für meine alten Augen wahrhaftig ein Trost. Diese Falten ...
Was für ein urgewaltiges, ganz und gar faltiges Tier!
Sonst wird man ja selten verwöhnt. Mit dem größten Trara
Werden dort Mücken verkündet. Hab ich es richtig behalten?
Einer vom Zirkus nannte es den Äthiopischen Stier.
Man kann sich nie sicher sein, zu groß ist unser Reich.
Wer soll schon wissen, woher alles kommt. Auf die Steppe,
Auf Hitze und Sandsturm deutet der Panzer, das wulstige Fell.
So stell ich mir punische Brustschilde vor, zum Vergleich.
Wie sie das machen, so ein Kraftpaket hierher zu schleppen?
Ich hab den Käfig gesehn, aus Papyrus, armdick, das Gestell.
Und einmal sah ich, den Kopf gesenkt, das Monstrum von vorn,
Diese stämmigen Beine. – Ich frag mich, wer soll das heben?
Es heißt, die Bücher der Elephantis (fünfzig Stück, vielzuviel)
Seien voll von Geschichten über das Tier mit dem Horn.
In Indien, hört man, soll es ja ähnliches geben.
In Indien, heißt es. Oder war es am Schwarzen Nil?

VIII. Entrüstet am kommenden Tag

Gestern einer, sein Name klang östlich wie sein Akzent,
Erklärte die Ohnmacht des Menschen, der blind dahingeht
Und kennt nur den eigenen Nabel. Der Ärmste der Armen
Könne kaum schlimmer leben, ein Häftling der Erde,
Als so ein Mensch, der in Rom seiner Wege schleicht, täglich
Nur auf Geschäfte bedacht, unter Verordnungen stöhnend,
Vom Fiskus geschröpft. Zwischen Fressen und Vögeln
Erfleht er das Glück von den Göttern kurz im Vorbeigehn,
In Tempeln, die ohne Spenden zerfallen. Er habe geweint
Beim Anblick des Unkrauts rings um die alten Altäre.
»Sie kann einem leid tun, so verwaist, eure schöne Wölfin,
Um die niemand sich kümmert, seit ihre Zitzen hängen.
Seit sie alt ist und grau, und die letzten Welpen
Sind ohne Gnade zerrissen worden im fernen Grenzkrieg.«

Mir brummt noch immer der Schädel von seinem Geschwätz.
Nie verlegen um eine Antwort, diese schmierigen Christen,
Heuchler sind das. Man fragt sich, warum diese Leute
Kein Cicero widerlegt und kein neuer Quintilian.
Atheisten sind das. Glauben an etwas, das nur in ihnen steckt.
Erst verbreiten sie Angst. Ärger noch als die ärgsten Sophisten,
Machen sie jede Größe klein, jede Helligkeit finster.
Dann laufen sie schweißnaß im Dunkel umher, betend
Bis alles nach Vorsehung stinkt.

Der Misanthrop auf Capri

Nicht wahr, sie machen euch Angst, meine Finger,
So lang und so knochig, zehn krumme verdorrte Äste.
Was wird erzählt? Ich könne mit Links einen Apfel durchbohren?
Nicht nur das, liebe Freunde. Auch ein glotzendes Auge.
Auch den Brief, der mir schmeichelt mit blinzelnden kleinen Worten.
Ich brauch keinen Schlagring, mir genügen die Finger –
Dieselben, mit denen ich Krebse esse und Kleinkinder necke.
Wie man vom Tisch eine Fliege schnippt, die dann kreiselnd
Am Boden verendet, so fahr ich dem Staunenden ins Gesicht.
Was wie ein Streicheln aussieht, eine zärtliche Geste,
Ist mein gefährlichster Schlag. Nicht wahr, das brennt,
Und macht blutige Striemen. Hab ich den Feind erst markiert,
Bin ich ganz sicher, es findet sich einer, der ihn beseitigt für mich.
Ich aber zieh mich zurück, trauernd. Das Schlachten widert mich an.

Bericht von der Ermordung des Heliogabal durch seine Leibgarde

Für Wladimir Sorokin

Wollt ihr hören, wie wir den Caesar, das Dreckschwein,
Geschlachtet haben, die syrische Tunte?
Wir waren zu fünft. Keiner war scharf auf ein Blutbad,
Keiner von Angst frei. Wer Angst hat, das weiß man,
Dem zittern die Hände. Wir kannten sein Mißtraun,
Das ihn umgab wie sein Mundgeruch, giftig, ein Schleier.
In den Märztagen war es, Rom blühte und stank
Aus allen Straßen und Märkten, ein offener Fischbauch.
Vom Tiber her wehten Gerüchte. Des Frühlings Aufruhr
Trieb in die Flußarme Leichen der schwächsten Partei
Im Senat. Die Luft war gesättigt von Feindschaft.
Vorm Zirkus herrschte reger Betrieb bei den Chaldäern,
Die in dunklen Sprüchen die Zukunft verkaufen
Für wenig Geld an die Wißbegierigsten, die Verlierer.
Ein Dutzend Tote pro Tag regte keinen mehr auf
In der Vorstadt, wo billiger Wein das Orakel ersetzt,
Das dort vom Dach fällt, und Schicksal kommt
Durch die engen Gassen in Gestalt eines Eselkarrens.
Nachts stahl sich jeder zu einem andern Gott, morgens
War an den Herden der Bettler vom Lande noch Glut.
Marmorquader versperrten den Weg zu den Tempeln,
Seit Jahren unbehaun. Auf den Stufen wuchs Unkraut,
In den Baugruben Gras. So verwahrlost war alles,
Daß noch das Forum am Mittag, der Platz in der Sonne,
Zum Hinterhalt wurde selbst für Kenner der Stadt.

Denn das zweite Volk, das der Statuen, lebensgroß,
War noch nie so unheimlich: in ihren Posen
Sah man die steinerne Prominenz auf dem Sprung ...
Vor den Speichern der Mob, in verschlammten Bassins,
Überließ sich den Schwätzern. Obskure Riten
Machten die Kinder stumm. Vor Haustüren fand man,
In den Wasserleitungen Fetzen von Nachgeburt.
Bleischwer hing der Dunst in den Elendsquartieren
Wie auf den Villen, weil die Bewässerung ausblieb
An den Fassaden, die künstlichen Grotten und Teiche
Stillgelegt waren. In den Springbrunnen schlief
Halb Asien den Rausch aus, auf Tierhäuten grunzend.
Schaben zeigten sich frech, überall, Küchendiebe,
Die sich in Banden sammelten wie die Ratten nachts
Zwischen den Abfallhaufen, die Würfelspieler,
Den Betrug im Gefolge, Raufereien und Totschlag.
Nur dem Caesar war alles egal. Schadenfroh sah er
Rom, die Weltstadt, verkommen wie irgendein Fremder,
Ein Tourist auf dem Thron.
Dafür sollte er büßen.
Aus dem Schönheitsschlaf sollten ihn Krallen wecken,
Haken schälen sein Fleisch aus den seidenen Laken.
Bluten sollte er, langsam verbluten, kopfunter hängend
Über den goldenen Schüsseln. Austropfen sollte er
Zwischen den Speisen, ein Rehbock,
Zappelnd, ein weißer Narziß.
Hört gut zu, was geschah.
In den innersten Gärten
Des Palasts, wo der Sonnengott lebte und seine Knaben,
Hielten wir alles umstellt. Kurz war sein Weg
Von den Sternen zum Orkus, aus schneeweißen Polstern

In den Schlamm der Latrinen. Zu schade, sein Sprung
In die Scheiße verdarb uns das Fleisch. Der Gestank
Hielt uns ab, ihn zu foltern, die Angst auch.
Man hätte sie zeichnen sollen,
Seine Augen, als ihm der Dolch in den Hals fuhr,
Ihr harngelbes Schillern, das Staunen als sein Gespiele,
Ein Hufschmied, als wollt er ihn küssen, den Nacken
Zurückbog und mit der Zunge den Bartflaum berührte.
Durch die Kehle ein einziger Schnitt, und das Blut
Schoß hervor, gurgelnd, wie aus zerhacktem Bleirohr.
Und weil ihm der Schmerz noch Zeit ließ zum Zuschaun,
Zog man ihn aus dem Abtritt, schlitzte den Bauch auf
Vom Brustkorb, der knirschte, bis zu den Hüften.
Vorn rammte einer das Schwert, ein andrer die Lanze
Dem Gestürzten von hinten zwischen die Schenkel.
Und als er immer noch zuckte, röchelnd noch immer,
Drückten ihm Stiefel den Schädel ein. Aus der Schläfe
Rann etwas Weißes wie Milch aus dem Löwenzahn,
Was vom Vögeln noch übrig war, der Rest von Gehirn.
Und dieses Sterben, ich schwörs euch, war seine erste Arbeit
Und seine letzte. In ihm steckte ein zweiter Vulkan.
Nie zuvor hat er so schuften müssen und niemals
So erbärmlich geschwitzt.
Der so grausam war, lustvoll
Grausam wie sonst nur Frauen, gebannt vom Schauspiel
Der fremden Qualen: aus ihm schrie eine Frau,
Allein mit den Wehen, schwimmend im eigenen Blut.
Da lag er, Heliogabal, Sohn einer Hure,
Von Freiern gezeugt … endlich verwandelt zum Weib.
Und zwischen den Beinen, kostbar, schimmerte,
Was ihm die Ärzte verweigert hatten, sein neues Organ.

Merkt euch, wir waren zu fünft. Der Tod des Tyrannen
Ist unser Verdienst. Bevor die Menge ihn stückweis
Verteilte in allen Gassen, standen wir lange
Erleichtert über dem Leichnam.
Und ich, Pittakus, pißte am längsten.

Julianus an einen Freund

Mein lieber X. (Du bleibst gern anonym, ich weiß.
Seit diese Christen wieder Zulauf haben,
Bist du besorgt um deinen Ruf. Die Zukunft,
Sie könnte christlich werden, und in Ewigkeit
Verdammt zu sein, ist wohl kein Spaß nach allem,
Was man so hört.)
                                        Dein Name bleibt verschwiegen,
Sei unbesorgt. Verheimlicht bleibt dein Zweifel
Nach dieser oder jener Seite. Die Entscheidung
Nimmt dir ein Erdrutsch ab vielleicht, ein Rausch,
Der dir im Mund das Wort umdreht. Sag selbst,
Warn wir nicht reif für diese letzte Predigt
Aus einer Wüste, in der keiner *unsrer* Götter,
Bequem wie wir, lang überdauert hätte?
Kein Liebesraub dort, Sex im Schlaf und Honig.
Ganz ausgeschlossen jeder Schönheitswettbewerb,
Wo in der Asche stochern Eremiten,
Termiten fressend. Wo der Ziegenbock
Ein Philosoph ist, weil er nicht zu Kreuz kriecht.

Kein Wunder, daß uns Stoiker die Mehrheit flieht,
Wenn sie uns lästern hört. Seit Epikur
Derselbe faule Witz... »Gesetzt, es gibt sie,
So kümmern sie sich nicht um uns, die Götter.«
Sind wir nicht Kinder? Es ist Kinderart,
Bewußtlos hinzunehmen, was gegeben scheint –
Das Paar Sandalen, passend, den gedeckten Tisch,

Und in geschützten Städten unter Monstern Schlaf.
Was soll ich in dich dringen? Für Beschwörungen
Ist es zu spät. Wir kennen uns zu lang schon
Und Du bist zäh genug für Deine eignen Schwächen.
Die Kriege finden fern im Ausland statt, zu fern
Für dich, der seinen Waffenstillstand sucht
Auch mit der neusten Angst, die gute Christen macht.
Selbst schuld sind wir an jedem Überläufer
Mit unsrer Trägheit, die sich philosophisch gibt,
Seit uns, von Furcht und Hoffnung amputiert,
Der Nerv fehlt, der uns aufweckt *vor* dem Waldbrand.

Nur dies noch. Du sollst wissen, was mir einfiel
Beim Durchmarsch durch Regionen, die wir Römer
Verwüstet haben als geübte Friedensbringer.
Wenn erst ein Gott allein das Sagen hat, der eine,
Der den Verrat belohnt und durch Vergebung
Komplizen macht, wenn alle Sterblichen
Vereinsamt sind, genügt ein Schwächeanfall,
Bis jemand kommt, dem es im Weltraum kalt ist,
So kalt, daß er daraus den Schluß zieht, – Gott ist tot.
Vielleicht nicht morgen, doch in tausend Jahren
Wird sich ein Wirrkopf finden, der die Formel spricht.
Das schreibt Dir einer, der ihn leid war, diesen Gott,
Der ihn als Waisenkind mißbrauchte. Heimlich,
Aus Rücksicht auf den Volksmund, nicht aus Scham,
Hat er ihm abgeschworen, kaum erwachsen
In Ephesos. – Die Rede ist von mir,
Von mir, Julianus, der Dich grüßt und einlädt
Ins Winterlager an den Rhein. Du kennst mich
Im Schnee von gestern. Wer ich heute bin

Und wie man mich verletzen kann, das weißt Du.
Leb wohl denn, Anonymus.
                                                  Nein, die Welt nach uns
Wird nicht erfahren, wie Du heißt. Es sei denn,
Aus Dir kriecht einer, den ich nicht mehr kenne,
Ein Galiläer oder eine von den Larven,
Die sich die Zukunft sichern vor dem Jüngsten Tag.

Aporie Augustinus (Über die Zeit)

Die brennende Hornhaut im Salzschaum,
Im Tuffstein die Augenhöhlen, Alypius,
Das Meer das dein Wort schluckt –
Nichts was du kennst, ist die Zeit.

Die Wölbung des Himmels, den Schädel
Umfassend, die Hände in Hohlform
Über der kreisenden Töpferscheibe –
Nichts was du siehst, ist die Zeit.

Die Stimmen längst Toter, im Herdloch
Das Rascheln der Knöchel, Alypius,
In den Schläfen dein Blut –
Nichts was du hörst, ist die Zeit.

Nichts was du fassen kannst, ist sie. Kein Brusthaar,
Das nach dem Baden gezupft wird, und keine Tafel,
Die in den Stadien die Runden anzeigt beim Wagenrennen.
Weder die Greisenstirn noch die rosa Fingerbeeren des Kindes.

Nichts was sich messen läßt, ist die Zeit. Weder der Staub
Im Tiegel der Goldwaage noch der gestiegene Kaufpreis für Fische.
Auch nicht der wandernde Schatten am Gnomon
Oder die Zahl der Regierungen in einem Leben, der Kriege.

Nichts was sich regt, ist die Zeit. (Vergiß den Skorpion ...).
Doch auch kein Sternbild, nach dem sich die Seeleute richten.

Keine der Routen nach Troja, kein Heimweg von dort
Durch Familien und Länder ans bittere Ende – Erinnerung.

Keine der Krankheiten ist sie, nichts was zerstört.
Sie ist kein Gigant, der die Steine zermalmt in der Brandung,
Keiner der Erdrutsche, Wirbelstürme, keiner der Götter.
Noch das Gestöhn der Helden in den welken Ohren Homers.

Gestern habe ich angefangen mit zuzuhören, Alypius.
Aus jedem Satz sprang ein Wort, das mich älter zurückließ.
Irgendein *Bald*, ein *Nicht mehr*, ein *Von altersher.*
Als wäre da immer nur Richtung im Sprechen, kein Stillstand.
Da war dieses Noch ...
Dieses Schon ...
Dieses Einst ...
Und nichts davon ist die Zeit.
Was aber ist sie?

Die kleine Enttäuschung, wenn ein Kind sich davonstiehlt,
Weil es weitersieht als Dein zweifelndes Wort?
Ein Gedicht aus den Tagen des Plinius, in falschen Metren,
Das vom Verliebtsein handelt, und die zwei sind längst tot,
Und es kommt dennoch ein Lied an, ein Herzton, ein Schauder?

Ist sie das Wiedersehn, wenn der Pfirsich erkannt wird,
Weil es das Wissen vom Pfirsichkern gibt? Ist sie der Fluch,
Der auf allem, was schlachtet und Dämme baut, liegt?
Ist sie der stetige Herzschlag, der sich in Sicherheit wiegt:
Daß jemand lacht und weiß nichts vom Treppensturz morgen?
Daß wir uns selbst kaum kennen, den Blick zur Erde gerichtet,
Über uns Sirius, im Rücken Ödipus ... ist sie das?

Ist sie die Maus, die im Kornspeicher raschelt, das Rieseln,
Wenn durch ein ganz kleines Loch die üppige Ernte,
Die Arbeit so vieler Wochen, verschwindet?
Ist sie ein Kind, ahnungslos, das mit Glimmstäbchen spielend
Bibliotheken in Brand setzt, und Tempel, und Gärten?
Ein Kind, das noch nie was gehört hat von Herostrat ...

Ist sie die Panik, die zu erwachen scheint überall,
Seit der Große Pan tot ist, das Scheusal, der stinkende Tiergott.
Seit er die Landschaften räumte wie Städte nach einer Epidemie,
Grund, daß sich jeder beeilt mit dem Sterben, die Paare
Wie gehetzt kopulieren und alles beschleunigt geht und ins Leere?

Fragen, Alypius, die ich mir selbst oft gestellt hab,
Betäubt von Veränderung, seekrank vom dauernden Wechsel.
Ach, und wenn ich der Mutter zusah beim Beten, befremdet.

Drei Arten Gegenwart sind in dir aufgespart.
Die eine heißt *Gestern*, die andere *Heute* und *Morgen* die dritte.
Sie alle sind rege in dir, nur in dir, nirgendwo sonst.

Und laß dich nicht täuschen von sterblichen Astrologen.
Daß Zeit nur Bewegung sei, sichtbar am Himmel.
Was messen sie, wenn sie die Phasen des Mondes vermessen?

Oder Gedichte mit wechselndem Versfuß, zum Beispiel Horaz.
Zwischen »*Lydia, schläfst du?*« und »*... Erz überdauernd*«
Eilt sein Vers hin und her, die geschäftige Zunge –
Zwischen Schamhaar und Ewigkeit.

Einmal kurz, einmal lang sind die Silben, und der sie spricht,
Dehnt die Zeit und wird selbst gedehnt, rafft sie und wird gerafft.
Oder der Mörder, todgeweiht längst bevor ihn die Strafe ereilt –
An jedem Grenzstein schätzt er den Weg ab zum Tatort.
Terminus wird ihm zum Quälgeist. Er läuft im Kreis.
Denn wie sonst soll er laufen, wenn Schuld immer vorn liegt?

In jede Richtung reicht Raum, aber Zeit ist die Klammer,
Die nach vorn spannt die Stirnen, die Deichseln und jedes Lied,
Das in Strophen zerfällt wie ein Menschenleben in Anekdoten.

Augenschein erst, bald schon Erinnern, genährt von Erwartung:
So hält uns hin, was sich Zeit nennt. Seltsam, Alypius,
Wenn niemand fragt, weiß ich genau, was es ist. Aber fragst du,
Fällt mir nur Unsinn ein. Zeit, eine Krankheit zum Tode.
Oder im leeren Amphitheater ein stummer Chor
Mit den Mundhöhlen schwarz vor Empörung und Schmerz.

Sind hundert Jahre Gegenwart eine lange Zeit?

Schläfrig bin ich, Alypius. Was hast du gesagt?
Zeit ist das Seil, das ein Esel frißt und herausscheißt, verknotet?
Und der Esel gehört einem Mann, der die Knoten löst
Und dem Tier von neuem das Seil hinhält, mangels Futter.
Und der Esel macht statt zu rülpsen den Laut,
Den nur Esel beherrschen, vollendet.

Zeit ist kein Rätsel, Alypius. Vergiß es.

Von den Todesarten der Idioten

I. Hero und Leander

»Zuerst sah ich nur dieses Häufchen Knochen.
Ein Nest aus Hühnerbein und Rippen, restlos blankgeschabt.
Das war sein Futterplatz. Und jeder, der vorbeikam, dachte,
Wenn das ein Mensch ist, lebt er wie ein Tier und schlimmer.
Dann sah ich seine Füße, die verhornten, und die rauhe Hand,
Die einen Stock hielt, einen Röhrenknochen. Und daran,
Daß er in Asche stocherte, erkannte ichs. Es war ein Mensch.
So blieb ich stehn.«
Sie stand noch immer da, am Tor,
Wie sie gekommen war vom Markt, den Korb voll Barsche.
Und hielt sich an dem Gitter fest, an seinem Bronzeschmuck,
Der Hero und Leander zeigte, die als Schloß und Riegel
Weit auseinandergingen, wenn man eintrat. Ihr zu Füßen
Im Atrium rings um das Wasserbecken glänzte,
Ein Mosaik aus blauem Stein, glasiert, und Marmor,
Mit Welle und Delphin und Flottenschiff – der Hellespont.

Sie war noch jung. Und neu im Dienst. Sie zögerte
Wie jedesmal vorm Schritt auf diese Fläche zu, die bilderreich,
Kalt unter ihren Füßen brannte unterm Blick der Herrin.
Die lag auf ihrem Ruhebett, umringt von Räucherstäbchen,
Und wedelte den Rauch fort. »Ich versteh nicht ganz.
Wovon erzählst du da? Gabs Streit beim Fischmarkt?
Bist du belästigt worden, kleine Nubierin? Wer so wie du
Den Kopf gerade hält und durchdrückt den Gazellenrücken,
Gilt hier als stolz, das weißt du doch.«

Es war ihr peinlich,
Von ihr, der halb Berauschten mit der fahlen Stimme,
Beleckt zu werden, schon am Vormittag. Es irritierte sie,
Wenn sie beiseite sah und starrte in den Weidenkorb,
Der weiße Schaum auf manchem Fisch, das stumme Röcheln,
Und daß da einer, fast erstickt, matt mit den Kiemen klappte.
Bericht erstatten wollte sie, sonst nichts. Sie ging zur Küche,
Hielt auf der Schwelle. Als sie fortfuhr, wechselte ihr Ton:
»Apropos, Rufus war dort in der Menschenmenge.
Er lief im Kreis herum und gackerte. Er spielte Huhn
Vor diesem Menschen, dem die Leute an den Lippen hingen,
Weil er vom Tod erzählte wie ein Mann, der viel erkannt hat.
Ein Philosoph, weithergereist, und wie es hieß, Ägypter.
Ein Philodamus, Philodoros, Philo...«.
»Ist das alles,
Was du mir sagen willst? Wie kommt es dann,
Daß Rufus längst zurück ist, und du brauchst zwei Stunden,
Um ein paar Fische zu besorgen? Hast du sie geangelt?«
»Betäubt, wir alle standen wie betäubt von dem Geschwätz.
Erst zehn, dann hunderte. Er sprach, und ich vergaß die Zeit.
Der da wird heut noch sterben, sagte er. Und dabei zeigte er
Mit beiden Händen in der Luft, wie man ein Huhn erwürgt.
Er sagte *Heut noch* und er grinste, und ich weiß nicht,
Was schlimmer war: sein Grinsen oder die verzückte Geste
Des Halsumdrehens... – Wo ist Rufus?«
»Er kam hereingeflattert, wie du sagst, und hat sich gleich
Verkrochen in der Wohnung. Stellt sich taub und glaubt,
Ich würde nach ihm suchen ... put, put, put, die gute Mutter.
Soll ich ihm nachgehn wegen jeder Laune? Ruf ihn her.
Es soll sich waschen, unser Kind von dreißig Jahren.«

Sie rief ihn, wie man ihr befohlen hatte, rief ihn einmal,
Und ging durchs Atrium nach hinten in den kleinen Garten.
Dann rief sie ihn ein zweites Mal, zu laut schon und zuletzt,
Weil er nicht kicherte wie sonst, obszöne Lieder singend,
Kam sie zurück und nahm den Korb und stürzte los,
Vorbei an dieser Frau, die fragte »Spielt er wieder totsein?«.
Doch was sie nicht mehr hörte, war ihr langes Gähnen
Und das zufriedne »Wie die Mutter«, denn schon stand sie
Am ganzen Körper zitternd in der dunklen Küche.
Da lag er, hingestreckt vorm Herd. Sein breiter Kopf
Hing abgeknickt zur Seite. In den starren Augen
Balgten die Fliegen sich um einen Rest von Flüssigkeit.
Sie wußte, was ihr blühte, jetzt da dieses Häufchen Elend,
Ihr dicker Rufus, das verrückte Kind, erstickt war
An einem Hühnerknochen, wie es aussah, einem Speiserest,
Den sie vergessen hatte wegzuräumen vor dem Marktgang.
Jetzt war ihr schwindlig, und die Luft wie in der Heimat
War plötzlich schwül. Die Fische tanzten um sie her
Mit weißen Bäuchen auf den Steingutplatten. Schwitzend
Sprangen die Kräftigsten ihr bis zum Knie und zuckten,
Zurück am Boden, spastisch mit zerrissnen Flossen.
Sie schloß die Augen, und gleich tobte um sie die Auktion.
Sie sah sich wieder nackt, den Körper präsentiert zum Kauf.
Und wieder fühlte sie den Griff an Brust und Schenkel
Und knirschte mit den Zähnen in Erwartung
Der Hand, die ihr den Kiefer öffnen würde zum Taxieren.

II. Ein Geldwechsler berichtet

»Dreckig war er, wir haben uns alle geekelt.
Daß einer so stinken kann und er stank für zehn Mann.
Die Sandalen lose, ein uralter Strauß, stolzierte er auf und ab
Mit der grindigen Glatze, der Toga aus inkrustiertem Staub
Und dem hüpfenden Gang eines Vogels, der niemals fliegt.
Das hätte uns warnen sollen. Auch daß die graugrünen Augen
Vorbeisahn an uns, in den Rinnstein, aus dem er kroch,
Jeden Tag neu. Denn er schlief auf der Straße,
Zwischen dem, was die Marktweiber übrigließen und dem,
Was Betrunkene von sich geben und kleine Kinder.
Am hellichten Tag thronte er gähnend auf faulem Obst,
Die behaarten Schenkel entblößt, seine gelben Zähne,
Und masturbierte mit flinker Hand in ein fleckiges Tuch.
Schamlos war er. Wer stehn blieb, war frechen Blicks
Zum Komplizen gemacht, aufgespießt vor den andern.
Man sah sie ihm an, die Städte barbarischer Länder,
Auf Straßen, von Räubern belagert, durch kriegreiche Zonen,
Den Fußmarsch weither von den Quellen des Nils.
Die Bordelle, Tavernen und Ruderbänke, man sah sie ihm an.
Ein Betrüger war er, ein elender Wichtigtuer, ein Bettler.

Doch was er sagte, hat uns beschämt und die Füße gelähmt.
Sonst hätten wir abgewinkt und Witze gerissen im Weitergehn,
Wie bei jedem Hungerleider, der schwitzend mit Worten jongliert.
Denn er sprach von den Arten zu sterben. Woran du erkennst,
Welches Ende dir blüht, wie sie sein wird, die letzte Stunde.
Im Vorbeigehn ertappt, wer hätte nicht hören wollen,
Was die Kopfhaltung sagt über die Frist eines Menschen,

Wie in der Stimme, der Gangart, das Ultimatum sich zeigt,
Was ein Blick in den Augengrund dem Auguren verrät.
Und er mußte nicht schreien, es genügte die Geste,
Mit der er ihn abschrieb, den dicken Quästor in seiner Sänfte.
Ein halber Wink, schulterzuckend, schon blickten wir tiefer
In die Wange des Veteranen und sahen den hohlen Zahn,
Durch den das Gift eindringen würde, verfaulten Fleischs.
Er brauchte nur grinsend den Daumen zu senken, wortlos,
Schon lag er da, röchelnd, der Gladiator dem tuschelnd
Ein Schwarm reicher Damen folgte, in attischen Negligés.
Und so fein onduliert ihre Löckchen, milchweiß ihre Hüften,
Anders mit jeder würde Hades es treiben und härter.
Daß der Eseltreiber vom Felshang stürzen würde, betrunken,
Brauchte nicht Sehergaben, nur den Blick eines Schankwirts.
Man sah es, sein Straucheln. Man sah sie durchscheinen, die Lunge,
Blaß in der Brust dieses hustenden Schreibers. Bald bringt sie ihn um.
Die fünffache Witwe, berühmt für ihr Trauerkleid, ihre Spenden,
Erbricht sich am sechsten, der den Braten riecht und vertauscht.
Keinen schonte er, nicht mal das blöde Kind, den Asiaten
Mit dem flachen Gesicht, der im Kreis ging, ein gackerndes Huhn.
Den Großreeder traf er so, den neureichen Anwalt, die Schar
Der Klienten, der Kuppler, der blassen Kastraten. Uns alle,
Alle streifte sein böser Blick und entließ uns, taxiert,
In die restlichen Tage, die bangen Jahre. Ob jung oder alt,
Sein Datum markiert bekam jeder, der nicht versteckt blieb
In zögernder Menge. Hinterm Ohr noch des Säuglings
Zog er den Tod als Larve hervor, sichtbar, den fetten Wurm,
Der sich vollfrißt und teilt, bevor er zum Schmetterling wird.
Dann schloß er die Augen, und es war dieses Lächeln
Des schläfrigen Mörders, im Gewimmel der Leiber, des Satyrs,
Mit dem er uns einfing. Sein Orakel, er wog es genüßlich:

Ihr alle werdet so sterben, Leute, jeder wie er gelebt hat.
Und es wird euch nicht wundern, wie plötzlich
Es stillsteht, wie willig, das Herz.
Weil es sein wird wie immer,
Seit Vergessen euch beisteht und jeder sein eigener Feind ist.
Denn in euch wohnt einer, behaglich, der falsche Berater.
In großer Voraussicht den Rücken entblößt, keiner
Sieht sich im andern. Und so sterbt ihr allein,
Schlüpfrig und blind, wie ihr durchs Leben geschlängelt seid.

Niemand rührte sich da, keiner drehte sich um.«

III. Gegen die philosophischen Hunde. Ein Veteran schlägt zurück

»Als ich in den Krieg zog, war die Straße noch frei von Gelichter.
Ein Triumph nach dem Feldzug war ein Triumph,
Vor dem die Bettler sich beugten. Den Tagedieben im Staub
Waren die Beutestücke, der Zug der Gefangnen ein Anblick,
Von dem sie tagelang zehrten. Wie stumm sie wurden
Vor dem kurulischen Sessel, beim Donnern des »Salve Caesar!«.
Kein Schwätzer konnte sich auf ein Podium stellen und glauben,
Daß die Menge ihm zulaufen würde. Ach, Kameraden,
Geschämt hab ich mich für uns alle gestern am Fischmarkt.
Was mußtet ihr Wurzeln schlagen bei dieser Vogelscheuche?
Redet vom Tod als sei er eben erst aus dem Hades zurück
Mit Post für uns alle, ein fleißiger Unterweltsbote.
Kennt jede der Todesarten und weiß, was uns blüht,
Die wir blind an den Zitzen nuckeln von Mutter Ceres.
Habt ihr noch nichts von den streunenden Hunden gehört?
Verjagt aus Griechenland, wandern sie ruhlos umher, jonglieren,
Wie andre mit Keulen, für ein paar Bissen mit Philosophie.
Jeder will einzeln sein, anders struppig, besonders stinkend,
Und doch gehn sie alle im Rudel, das seinem Führer folgt.
Dieser Diogenes, Nichtsnutz und Wortverdreher,
Was, wenn die Tonne ein Leck hat? Was macht er bei Krankheit,
Im Frost, der Bedürfnislose, den alle doch mitleidig füttern?
Wo nahm er den Tintenfisch her, der ihm den Magen verdarb?
Der selber ein Hund war und rief, er sei stolz drauf,
Ging groß umher und suchte *den Menschen*, der Blinde,
Mit seiner Lampe am hellichten Tag und drohte mit Knüppeln
Die wirklichen Menschen, die schaffen und heilen und säen.
Wir lassen uns manches gefallen, doch alles nicht.

Bei dem alten Weib, das den Rock hebt und schreit, sie sei Isis,
Sagt man sich »Peinlich, die Schlampe, soll sie tun, was sie will«.
Auch den Christen am Wegrand, verhüllt, der sich geißelt
Mit Dornen und lallt was von Auferstehung und von Erlösung,
Läßt man links liegen. Manche bekennen laut, spielen Märtyrer.
Sie davon abzuhalten wär dumm. Man bringt ihnen Reisig
Und wärmt sich die Hände an ihrem falschen Stolz.
Wozu Geschrei, wenn manche sich mit der Sichel entmannen,
Weil sie ihr Gott an den Hoden kitzelt mit fremden Zungen?
Doch diesem da zuzuhören, – unmöglich. Ein Demagoge
Bringt eine Stadt durcheinander, verdirbt ganze Ernten.
Was blieb mir übrig, als ihm zu zeigen, wann Schluß ist?
War es euch peinlich, euch, die ihr Blut gesehn habt, soviel
Wie nur die Hebamme sonst? Tat er euch leid,
Der immer vom Tod sprach und war wie das plappernde Kind,
Das Vater und Mutter spielt und die Härten des Lebens?
Gleich fiel er um und schlug sich den Kopf auf, der Schlaue.
Hätte ich zusehn sollen, wie er mich auslacht und zeigt
Mit gebrochenen Fingern auf mich?

»Dieser stirbt vor dir«,

War alles, was ich noch dachte. Kein schlechter Witz,
Wenn man bedenkt, daß sie alle nur Witze machen und Rätsel.
Wie war das noch? »Glücklich sein heißt, nichts zu besitzen.«
»Im Schmutz gezeugt sind sie, in Finsternis werden sie gehn.«
»Furcht ist nur Trugschluß.« »Hunger heilt selbst die Liebe.«
»Jeder schleppt mit sich den eigenen Dämon«? Da habt ihr's.
Schuld war mein Dämon, nicht ich. Jeder tut, was er kann.
Und als Soldat, Kameraden, hab ich wirklich getan,
Wirklich getan, was ich konnte.

Hadrian hat einen Dichter kritisiert

Lächelnd gab Favorinus nach, unterbrochen
Vom Kaiser. Falsch sei der Ausdruck,
Ein Makel in einem so schönen Gedicht.

Sollte er recht behalten, nur weil er wußte,
Wieviel besser sein Wort war? »O Freunde,
Wie dumm ihr doch seid, mich zu rügen,
Mich hätte ein Machtwort gebeugt.

Ihr begreift nicht, wie klug einer sein muß,
Der dreißig Legionen im Rücken hat.
An die Spitze gebracht hat ihn sein gutes Latein.
Sein Urteil wird in Ägypten Stein, in Britannien.

Sein Funken Kunstverstand
Setzt von hier bis Achaia Bibliotheken in Brand.«

Physiognomik nach Polemonius

Was für ein ekliger Kerl. Favorinus, der Schmeichler.
Was sage ich, Kerl? Ein Mann ohne Eier,
Mit fleischigen Schenkeln und weibischer Stimme,
Heißt in Komödien nicht sowas Eunuch?

Griechisch parliert er, verzaubert bei Tisch
In charmanter Rede die Satten mit Schlüpfrigkeiten.
Nach jeder Pointe bekommt er den glasigen Blick.
Und leckt das Geschlechtsorgan, seinen breiten Mund,

Wie die Hunde es tun, schläfrig am Straßenrand.

Behauptet, ein jeder sei von Geburt an ein Emigrant.
Die einen machen sich gleich auf den Weg, die andern
Sträuben sich erst. Bis das Unglück sie zwingt
Oder was auf dasselbe hinausläuft, das bloße Leben.

Deutliche Worte. Ich warte mit Spannung darauf,
Daß ihn eines das Köpfchen kostet. Bei jedem Essen
Träum ich schon, was für Augen er machen wird,
Wenn im Magen das Gift ihm die letzte Einsicht diktiert.

Zwei Epigonen unter sich

»Dauer ist bloß ein Feilschen, Favulus,
Der Zeit mit sich selbst, das dein Erregtsein nur stört.
Bleib also kühl, überlaß die Tribüne dem Hitzkopf.

Sei was du willst, ein Echosammler, doch keiner
Von den Verrückten, die Worte ausreißen wie Bäume.
Diese Manischen, Rasenden, Kranke sie allesamt.

Heut wird zuviel in Dreck gemacht, Marmor ist teuer.
Nie war Papier so geduldig, der ägyptische Schwamm.
Jeder verkauft sich, bringt sein Talent an den Mann.

Und so plappern sie, faul im Vers, schnappen nach Luft,
Die vom Pantheon herweht. Wer frech ist, beruft sich
Auf die Schwächen der Musen, das Repertoire,

Zirkusspiel, Gaumenlust und das Zucken der Leiber, –
Unseres schläfrigen Kaisers.«

Griechischer Abschied. Eine Stele

Die Hand des Trauernden, in Stein, greift nach der Hand
Des Toten, der den Blick senkt, weil er weiß,
Daß vor ihm nichts mehr kommt. Was den erwartet,
Der um ihn trauert, sieht er. Es ist nichts,
Was sich vergleichen ließe mit den Thymianwiesen,
Den Schatten unter Pinien und am Meer der Grottenkühle,
Die er zurückließ, überstürzt. Aus Scham
Bleibt er gebeugt vor dem Verwandten stehn und wartet,
Bis dieser ihn entläßt mit seinem Trauerspruch,
Der ihn nichts angeht mehr. Sein Grab wird leer sein
Nach ein paar Sommern, wenn bei guter Ernte
Und neuem Wein die Themen beim Symposion wechseln.
Wenn wieder sich die Äste biegen unter Aprikosen
Und Kinder fröhlich mit den Knöcheln spielen,
Die Regen freigelegt hat. Mit dem Handschlag,
Wie immer, wenn es was zu teilen gab, wird auf der Stelle
Ein Rest von Lüge familiär geteilt, – als Proviant.
Die letzte Täuschung ist die Inschrift. Nein, der Tote,
Schon temperiert wie dieser Stein und ebenso gesprächig,
Braucht nicht mehr, was der Trauernde noch braucht.
Nur deshalb zögert er, den Atem angehalten, mitleidsvoll,
Fast wie zum Abschied auf der letzten Schwelle.

Club of Rome

Für Arno Widmann

Tote Carthagos im Rücken, vor den Augen schneeweiß,
Die Alpen, ein Friedhof für Elefanten,
War nicht der Römer ein Überlebender, dem die Zeit
Ostwärts davonlief?

Unterm Fuß Katakomben, in deren tropfenden Gängen
Fanatiker wohnten, Verdammung kochend
Mit dem täglichen Mahl, war die Angst vor Barbaren
Sein letzter Zauber.

Denn Treppen und Vasen glänzten heller aus jedem Riß
Im Marmor. Wie im Bordell die Matratzen,
War der Limes zerschlissen. Aus Waldböden schossen
Feinde wie Pilze.

Schatten wuchsen, von der kälteren Seite des Mondes,
Über verwilderte Gärten. An Sarkophagen
Wurden Schweine gemästet. Im Grundwasser schlierte
Blut aus Latrinen.

Nur die alten Herren, bewundert, intrigierten mit Lust
Um verpachtete Güter. Ihr großes Spiel
War der Wechsel von Lachen und Weinen; ihr Credo –
»Nach uns die Schlammflut«.

Avenue of the Americas

Dort an den Kistenholzständen, wo die Verkäufer
Mit hageren Händen Spielzeug und Elektronik,
Asiatischen Tand in die Menge hielten:
Erschien dir zum ersten Mal diesseits des Traums,
Gesenkt den Kopf, wie auf den Bildern des Botticelli,
Der schweigende Dante.
                                        Sarkasmus, das war sein Hund,
An den Tanksäulen schnüffelnd, an einem Preisschild,
Bevor er das Bein hob, erregt vom Benzingeruch.

Limelight

Nach einer schwindelnd durchwachten Nacht, unter Models
Und Tänzern verbracht, im Gefolge des toten Adonis,
Sieht er den Broadway mit anderen Augen, gerändert
Von Sperma und Seifenschaum
Im Regen der Neuen Welt,
Zwischen den Kühlerhauben, unterm zerrissenen Baldachin,
Hebt sich ein Bildnis ab, aus dem Käfig entlassen,
Der über der Tanzfläche schwebte im Scheinwerferqualm:
Das Portrait eines Straßenmalers, in Kreide und Fettstift
Gemalt wie der Häuptling, der Mohr, die Madonna,
Deren Aufblick den Fußgänger bannt.

Und er wischt das Gesicht weg, ins Frühlicht stürzend,
Den geschlachteten Engel, aus dem das Blut,
Milchweißes Blut, in den Rinnstein fließt.
Während die Augen ihm folgen auf seinem Weg ins Hotel.

Sunset Boulevard

Das also ist sie, die letzte Herrlichkeit,
Die du mit jeder Kinokarte bezahlst, nachts in Europa.
Wann immer du schwach wirst, hier klingeln die Kassen.
Und der Traumpalast strahlt über dem teuer bewässerten Tal,

Wo sich die Vororte aufreihn zum Schachbrettmuster
Aus flachen Dächern, multipliziert bis zum Horizont.
Und keines frißt schneller sein Umland als dieses hungrige Dorf,
Den Erdbeben trotzend, von jedem Streichholz bedroht,

Eine riesige Autowerkstatt am Rand des Pazifiks,
In der alles *auf Stein* gemacht ist. Die Tischler schwitzen
Beim Kaschieren der Wüste, die muskulösen Maler
Ringen um jeden Quadratmeter Illusion.

Alles trägt Namen absurder Glückseligkeit,
Von den Brahmanen ausgeschwitzt auf breiten Massagebänken
Für die Lotosfresser in ihren schwarzen Cabrios,
Die blonden Koalas im Eukalyptusrausch.

Flink wie die Trickfilmhelden stolpern Versprechen vorbei
Und stellen sich vorn an der nächsten Palmenallee wieder an.
Vor blauschwarzen Himmeln peilen, bis in den frühen Morgen,
Die zuckenden Neonpfeile der Werbetafeln in freies Feld.

Babies und andere Monster im Großformat winken
Zu den grünen Hügeln herüber, wo die Schauspieler nisten
In Bastionen des Luxus, todchic wie die Bunker der Normandie.

Hinter den Stacheldrahthecken werben die Swimmingpools
Mit dem reinsten Blau zwischen Himmel und Meer
In gepflegten Totenhainen, die man hier Gärten nennt.

Kolibris, kleine ferngesteuerte Helikopter, beträufeln den Rasen
Vor Trimalchios Villa mit ätherischen Ölen.
Überall Tivoli, nirgendwo Rom.

Und so könnte er aussehn, der Tag nach dem Happy End,
Wenn die Schatten verdampft sind in einem strahlenden Sommer,
En suite gespielt zwischen Orangenbäumen und Bungalows,
Wo die Straßen weltberühmt sind für ihre schönen Unfallopfer,
Denen man Schreine errichtet in den Kosmetiksalons.

Zum Vergessen kommt man, zum Phantasieren hierher,
Seit sich die Völkerwanderung vor den Leinwänden staut,
In Autos an Küstenstraßen geparkt, vor den strandbreiten Logen,

Zur Betrachtung des Sonnenuntergangs,
Diesem letzten westlichen Ritual.

Tizians neue Zimmer

All die Sitzkissen schwitzen. All die Zierfische japsen
Hinter Panzerglas, wo das Wasser wie von Brausetabletten schäumt
Und die Algen sich Blut zufächeln. Mit zerfressenen Flossen
Ging der Krieg im Aquarium zuende. Der dickliche Guppy träumt.
Vor dem Sofa, verrenkt, liegt ein Strumpfpaar mit Strapsen,
In den letzten Zügen im Kristall die Zigarre. Wie hingegossen
Breiten sich Stoffbahnen aus um die Fenster, knöcheltief, Kelims.
Im ganzen Apartment schmelzen, an den Wänden in goldenen Tiegeln,
Pastose Farben zu etwas, das Rosen ähnelt, Mondgebirgen, Phlegmonen, –
Ein Frauenakt hier, dort eine Bibelszene. Pro Glasschrank drei Spiegel
Decken den Rückzug ins Labyrinth. Was da klirrt als *Klimbim*,
Die Fayencen, die Lüster schmeicheln den feisten, kinderlosen Bewohnern,
Die auf Kommoden von Photos lächeln, auf Kreuzfahrt, die ewige Crew.
Im Radio liest jemand, sich klösterlich räuspernd, das Decamerone,
Und nur der Afghane, sein Fell eins mit den Teppichfransen, hört zu.
»Wie es war, willst du wissen, *chérie*? Wie mit himmlischen Geigen...
Gespielt? War das Stöhnen gespielt? Frag die Fische, sie schweigen.«

Einer Gepardin im Moskauer Zoo

So teure Pelze sieht man sonst nur auf den Schultern
Der Gangsterbräute vorm Casino. So geschmeidig
Schleicht auf dem Laufsteg nur die androgyne Jugend,
Die Augen funkelnd unterm Blitzlicht. Eine schlanke Katze,
Wie Pisanello sie gemalt hat, mit entzücktem Pinsel
(Das Fell getüpfelt, grannenhaft, ein Goldnes Vließ)
Federt sie schweifend auf und ab. Das Rückgrat
Dosiert die leiseste Bewegung.
Millimeter
Vorm Grabenrand den Schwung der Pfoten umzulenken
Geht ohne Hinsehn ab. Dort wird dem Ohr,
Der feinen Nase nichts geboten außer Lärm und Schweiß,
Jenseits des Drahtzauns, wo sich diese Affen tummeln
Mit ihren Kinderwagen zur Besuchszeit. Hechelnd
Verwandelt sie die schlechte Luft der Großstadt
In ein entferntes Air ... die weißen Schleifen
Im Haar der Mädchen in Gazellenfleisch. Faustgroß,
Ihr schmaler Kopf hält wachsam noch die Stellung,
Wenn sie im Flimmern vor den Toren Moskaus Zebras sieht.
Dann gähnt sie lange, die Gefangne des Zements.

Einer elektrischen Nachtigall

Da es so vieles schon gibt, was da summt, piepst oder pfeift,
Erstaunliche Dinge wie die Weckuhr, das tragbare Telephon,
Dem auf der Straße der Fremde sich öffnet, alles was höllisch

Animiert aus den Spielhallen dudelt, aus Kaufhäusern zirpt,
Da es an jedem Hinterhalt tönt wie der Ramsch in den Regalen
Des Feenreichs, wo die Kopfhörer sich wie Spulwürmer winden,

Schuhe, die flüstern, Radios kleiner als Streichholzschachteln
Oder die singende Glückwunschkarte, die dich beim Öffnen
Mit einem Thema von Mozart erschreckt, warum nicht auch dies:

Eine künstliche Nachtigall, ein bemaltes Spielzeug aus Draht,
Verkleidet mit Federn, und aus dem Innern singt eine Stimme
Wie die jener Puppe, die *Mama* greint oder *Hast du mich lieb?*

Vergewaltigt auch sie, Philomele in ihrer jüngsten Gestalt,
Gellt ihr Gesang dann wie neu. Mit jedem Wechsel der Batterie
Wäre sie schöner als die berühmte Klägerin, ihrem Besitzer

Eine ferne Erinnerung an die Auenwälder zur Zeit des Barock.
Schon in den Rokokogärten, frisiert jeder Baum, jeder Busch,
War kein Versteck mehr geblieben für diese Zeugin der Liebe,

Die sonst das Laubwerk verbarg. Wie beruhigend das Zwitschern
Einer elektrischen Nachtigall, schaukelnd im ewigen Grün
Eines Gummibaums aus demselben Kunststoff *Made in Taiwan.*

Heiner Müller, auf dann …
Drei Blätter

I

Die Meldung kam wie auf Krähenflügeln
Durch die kahlen Bäume, das städtische Gitterwerk.
Der Rundfunk wie immer, das Fernsehn wie immer
Strahlten Musik aus und Bilder und Worte zum Samstag.
In den Theatern nachmittags schob man Kulissen
Für die Komödien am Abend, den örtlichen Shakespeare.
Scheinwerfer wärmten die Bretter vor leerem Saal.
Die Grippe ging um in Berlin, ein Virus aus Moskau.
Silvester warf ein hysterisches Flackern voraus.
Die Meldung kam wie von leerer Bühne.
Den meisten war es eine Nachricht nur.

Nah am Gefrierpunkt
Hielten die Pfützen noch Ausschau nach Landschaft
Inmitten der Häuser. Die Straße blieb eisfrei,
Solange die Autos fuhren. An diesem Tag
Gab die Tragödie den Geist auf – seinen zum Beispiel.

Der so lange gewartet hatte, geduldigen Blicks,
Jetzt erwartet ihn nichts mehr. Jetzt hat sein Schmerz
Mit Spritzen betäubt, aufgehört wie das spröde Gelächter.
Der so lange Verbindung hielt mit den Toten, zu langsam
Sterbend, jetzt ist er tot. Der Fabel- und Fallensteller
Im Selbstgespräch mit den deutschen Gespenstern,
Der Meister ist tot.

Bevor er hinausspähen konnte ins nächste Jahrtausend,
Hat ihn sein Körper verraten. Der Feind
Hat ihn ausgeliefert an die Atteste, die ärztlichen Messer,
An denen die Sätze zuschanden werden und heimatlos.
Der Terror, von dem er schrieb, kam aus Deutschland.
Der Terror, an dem er starb, kam aus den Zellen.

Berlin im Dezember ohne ihn, das Gefühl
Von Verwaistsein.

II

Schneeloser Winter wie seit Jahren war
Die letzte Jahreszeit, die er erlebte
Auf einer Erde, die nicht mehr erbebte
Vor frischen Massengräbern, jedes Jahr

Zehn neuen Kriegen. Selbst die Bilder,
Ein toter Stadtkern, Krüppel in den Betten,
Verblaßten schnell vor immer milder
Geröstetem Kaffee und Zigaretten,

Die kaum noch giftig waren. Nikotin –
Ein Fremdwort wie Ozon und Holocaust.
Man sah die einen schießen, andre fliehn
Wie Herdentiere. Die geballte Faust

War aus der Mode wie seit Jahren schon
Die weiße Weihnacht und gewisse Slogans.
Er starb am Tor zur Intensivstation,
Gedichte lesend unter leichten Drogen.

Die Ziele gingen, doch die Waffen blieben.
In diesem Winter, der sein letzter war,
Sah man ihn still sich in den Tod verlieben,
Tartarisch lächelnd hinterm Rauch der Bar.

III

Nach Hadrian

> Du schweifendes schmeichelndes Seelchen
> Gast meines Körpers, Begleiter
> In welche Fernen zieht es dich jetzt
> So nackt und so blaß und schon steif
> Und die fröhliche Zeit ist vorbei.

Die erste Nacht kalt auf dem Friedhof,
Umgeben von Lemuren, Toter,
Wie fühlt man sich im Erdreich und allein
Im engen Sarg nachdem die Trauergäste
Zurückgekehrt sind in ihr Leben,
Wie fühlt man sich so jung im Tod.

Brief an den toten Dichter

> Die Welt ist kein erweiterter Uterus,
> so warm liegt sich's da nicht –
> G. Benn

Jetzt bist Du tot, Dramenschreiber, und Deine Schrift
Wird von den Fliegen umkreist, die so lange im Schatten
Gewartet hatten, bis der Leichnam verschwunden war.
Ihre Flüge haben das Zimmer festgeschrieben, die Enge
Markiert mit Schleifen, die kein Euklid mehr entwirrt.
Wenn Du noch Ohren hättest, Du könntest sie wispern hören,
Diese kleinen Souffleure. Ihr Schwirren und Flüstern,
Jetzt macht es sich breit zwischen den alten Metaphern,
Am Rand der Zitate, der gemeißelten Sätze. Dein Fluch,
Die Sprachgewalt, die auf den Sprecher zurückfällt,
Weil sie die Angst zementiert und dem Tod
Entgegenkommt von der anderen Seite. Dein Wohnort,
Das Labyrinth, errichtet in vierzig Jahren zum Schutz
Vor den Winden aus Gestern, war eine Falle
Wie Kafkas Bau, Chronik des proletarischen Alptraums,
Der aus der Zukunft Sektoren schnitt, ein *Utopia*,
Steingeworden in Bitterfeld oder Karl-Marx-Stadt.
Bis der Ausgang versperrt war, und Haß und Trägheit
Wuchsen nach innen. Der schlimmste Feind nicht
Hätte die Mauer erfinden können, den Selbstschußzaun,
An dem die falschen Büßer bluteten, halbe Kinder,
Für diesen roten Traum. Seit wann hast Du gewußt,
Was niemand wissen durfte, der früh durchs Werktor ging, –
Daß die Tage gezählt warn hinter dem Stacheldraht,

Die Saboteure ganz oben saßen im Apparat,
Verfolgte die zu Verfolgern wurden in ihren Ghettos,
Opfer der Einzelhaft, die Invaliden des Dritten Reichs.
Wann hast Du begriffen, daß ihr Auftrag der Abriß war,
Ein Beweis für die Nachwelt: auf deutschem Boden
Geht die Kommune bankrott, und kein Terror hilft
Gegen den Mangel, aus dem die Unlust kommt,
Die nicht Dein Problem war. (Dir blieben Stücke,
Geschrieben im Gleichgewicht von *no hope no fear*,
Wenn ein kühler Vorhang sich öffnete gegen Morgen).
Immer hast Du das Drama der andern gesehn, Toter,
Vom Balkon herab wie im Tierpark die Antilopen.
Und nicht aus Schadenfreude, die jetzt zu spät kommt,
Hab ich ihn Dir gewünscht, den Blick ins nächste Jahrtausend,
Das bald schon anbricht, das zweite nach dem Verrat
An dem Sektenführer, dem bärtigen Rabbi aus Galiläa,
An den Du nicht glauben mochtest (warum auch, er hätte
Nicht ändern können, was am Jahrhundertanfang
Seinen Weg in die Kriege nahm, in die größte Vernichtung
Von Menschen seit ihrer Zählung). Wenigstens Du
Warst herauszuhören aus dem Chor der Verdammten
Mit bösem Witz. Dein Zynismus war Güte,
Weil er die Untergänge bekanntgab, die Katastrophen,
Von denen der Hausfrieden schwieg. Jetzt kannst Du lachen
Über die leeren Gesichter der Richter nach jedem Prozeß.
Sie haben Recht behalten wie man den Hut aufbehielt
In alter Zeit auf dem Viehmarkt beim Feilschen,
Wenn es zu früh war, um Hände zu schütteln oder zu spät.
Prozessieren konnten sie, immer schon, und das letzte Wort
Haben die Akten. Was überdauert die Staaten?
Der Trauschein von Opfer und Täter ... Maschinenschrift,

Um die sich Historiker streiten später, blind von den Zahlen,
Vom Staub betäubt. Jetzt bist Du tot,
Und Dein Blick bleibt gebrochen, egal was kommt.
Zum ersten Mal Weltgeschichte, die ohne dich weitergeht
Anderntags und auch morgen und morgen wieder,
Seitdem Du fort bist, auf seiten der Minderheit, dort.
Denn die Lebenden sind eine Mehrheit erstmals,
Wenn die Statistik stimmt, eine Rechnung, die aufgeht
Erst im Vergessen. Und Deine Echos, ich höre sie noch,
Dein Flüstern manchmal, ein Lachen, hinten im Hals,
Wo die Krankheit heraufkroch und das war das Zeichen.
Eine Verzweiflung, die nicht aus dem Bürgertum kam.
Der Rest ist Lyrik, wie? Aber wenn alles zuwächst,
Der Traum undurchdringlich wird in der Menge,
Ist es der Vers, der ins Freie zeigt. Der geblendete Stieglitz
Singt schöner, heißt es, zu keinem Flug mehr verführt.
Was Du nur ahnen konntest, jetzt weißt Du es, tot
Neben den andern, die länger liegen und ohne Stimme
Für diese letzte Dunkelheit endlich,
Wo jeder Brief Dich verfehlt.

Januar 1996

Novembertage

I. 1989

An diesem Abend brach ein Stottern die Gesetze,
Ein Lesefehler hob die heiligen Verbote auf.
So nüchtern wie die Meldung in die Welt ging
Vor Mikrophon und Kamera, war jener Spuk vorbei,
Den sie verordnet hatten. Erstmals sah man
Die kommunistischen Auguren zögernd lächeln
Wie Spieler, die verlieren, und jetzt wissen sie,
Was sie, gewiegt in Sicherheit, vergessen hatten.
Mit einer letzten Drohung, einer Atempause,
Erklärten Greise meine Geiselnahme für beendet.
In dieser Nacht, als man die Schleusen aufzog,
Ergoß ein Menschenstrom sich in den hellen Teil
Der Stadt, die eine Festung war seit dreißig Jahren,
Geschleift von einem falschen Wort im Protokoll.
Bevor die Eisentore widerriefen, hob die Menge
Den Bann auf, der hier alle Muskeln lähmte.
Mit offnem Mund am Straßenrand ein Offizier
Stand wie verrenkt, weil kein Befehl mehr lenkte,
Das Machtwort ausblieb wie seit Jahren nie.
Als gegen Morgen auf den Boulevards im Westen,
Nach Feuerwerk und Kreisverkehr und Tränen,
Das Freibier ausging, war das Glück vollkommen.
Bei einer Kreuzung stand verlassen, abgebrannt
Bis zu den Rädern, ein *Trabant*, und die Besitzer
Hatten den Autoschlüssel an den Baum gehängt.

Von ihren Kindern angetrieben, ganze Clans
Zogen durchs Zentrum, orientierungslos und still.
Die ersten schliefen schon, sie lagen eingerollt
Vorm Kaufhaus selig unter den Vitrinen,
Auf teurem Pflaster träumend freien Grund.

II. 1918/19

Landwehrkanal, die Brücke, Eisengitter.
Hier also starb sie, spätnachts, einen Katzentod.
Erschlagen, und wie Dreck vom Spaten abgekratzt.
Durch die Kastanien ging im Frost kein Zittern.
Die grauen Uniformen deckten jedes Rot
Mit Erde zu. Nach kurzer Hatz
War ihr Gesicht zerstört mit Karabinerstößen,
Unkenntlich ihre hohen Wangen und der Mund,
Aus dem in diesen Tagen die Gefahr kam.
Um jede Spur zu tilgen, zog man den entblößten
Körper mit Steinen auf den Wassergrund.
Dort bei den Karpfen war die deutsche Scham
Gut aufgehoben bis zum Sündenfall.
Vulgäre Mäuler rissen sich um die Legende –
Jeanne d'Arc die Jüdin, die den Aufstand singt ...
Ein böses Omen, eine Frau stirbt vor dem Ende
Der Dummheit, die ein schwerer Hunger bringt.
War ihre Art zu lieben der Skandal?

III. 1923

In solchen Sälen, wo die Rauflust siegt und bald der Harndrang,
An schweren Bänken, meterlang, die von den Bäumen künden,
Die man nie ausriß, nahm das Übel seinen Anfang.
Hier hoben sie den Maßkrug, um den Mordverein zu gründen.
Bewegung nannte sich, was da den Boden stampfte unterm Tisch.
Verdrossne Frontsoldaten, Arbeitslose, scharten sich verzückt
Um einen Mann, der im Café als Schwätzer angezischt
Und als Portier gefeuert worden wär.
Hier fing es an, das Stück,
Das dann mit Schlagring und Revolver landesweit,
Auf offner Straße aufgeführt, nach einem Krieg zuendeging.
Seltsam, daß dieses Bräuhaus stehenblieb. Es war früh eingeweiht
In die Mechanik, wie aus Reden Terror wird. Hier hing
Der erste Rauch, hier ging beim Putsch der Schuß in den Plafond.
Man hatte Nasenbluten, statt Granaten flogen Krüge hin und her.
Und daß gewisse Leute liquidiert gehörten, war gezielt: Affront.
Noch war die Presse indigniert. »Ach, nicht schon wieder *der*!«

Falscher Instinkt. Ein Uhr nachts

Für Eckhart Gillen

So hat der nächste Tag, vielfarbig schillernd,
Das Grau Vergangenheit verscheucht, dein Gestern.

Bald sind sie unauffindbar, Hund,
Die Knochen, ausgegraben in der grauen Zone,
Die dein Revier war, eine Jugend lang.

Nichts ist mehr ohne diesen Dreck zu haben,
Der an den Dingen klebt, seitdem sie nutzlos sind
Wie durch den Rost gefallen. Eine andre Zeit

Wird sie zermahlen zwischen Schuld und Unschuld,
Den beiden Backen. Weltgeschichte
Ist, was du gestern warst, und das intime Wort –

Kein Morgen, der es auffängt. Nur dein Ohr.

Hysterische Ode. Ein Operationstraum

Ein Narkoseopfer träumt einen weißen Tag,
Einige unbesetzte Minuten auf einer Lichtung in ferner Zukunft.
Oder sind es Tampons, die der Wind ins Zimmer geweht hat?
Wenigstens klebt kein Blut an den Waden der Schwester,
Die dir die Nadel setzt. Zehn Milligramm Schlaf,
Das muß reichen, bis das Schlachtfest vorüber ist.
Hinterm Mundschutz verborgen, zwei junge Gesichter
(Athene die Ärztin, Nausikaa mit dem Silberbesteck)
Beugen sich über dich aus den Himmeln der Anästhesie –
Nördliche Himmel: der Tod kommt von Süden, der Antipode.
Grün ihre Schürzen, noch ist kein Blut geflossen. Du lachst,
Als dein Körper umzingelt wird von Geräten.
Eine kichernde Mumie, angeschlossen ans örtliche Stromnetz,
Tritt ihre Reise an zu den Ahnen hinaus ins All.
Das letzte Kapitel vor dem Verdämmern
(Das Bewußtsein der Obolus für die Überfahrt)
War ein Disput über Schwarze Löcher und Raum und Zeit.
Ein sklerotischer Physiker streitet mit seinem Kollegen,
Ob das All ins Vergessen mündet oder sich umstülpt.
Die Frage allein sprengt die klassische Mathematik.
Nach der zweiten Formel ist dein Gehirn aus dem Rennen
Und die Grenzen der Welt sind, was du nicht mehr verstehst.
Kehrt die Zeit sich um, nimmt das All seinen Dreck zurück,
Den es im Urknall hinauswarf?
The heavens are holey
Heißt die fröhliche Losung, nach der alles tanzt.
Apropos Kosmos, der kalte Hinterhof, wo das Sternlicht
Versickert im Staub, in den Nebeln, in schwarzen Gullies –

Welcher andere Ort bleibt für uns, die wir hechelnd
Um Frischluft ringen unter den Sauerstoffmasken
In diesem Ascherevier, wo ein paar Lippen das Schönste sind,
Was du jemals berühren wirst, eine kühle Braue
Über dem katzenhaft langsam sich schließenden Lid
Der Geliebten. Zentrum der Galaxie
Ist am Ende der Wirbelsäule ein grauer Schwamm,
Mariniert in der Knochenschale, ein erleuchteter Pilz,
Den das eigene Gift in der Schwebe hält über den Wiesen,
Auf denen kein Lotos blüht, kein Teppich aus Asphodelen,
Weder hier noch hinterm dreizehnten Jupitermond.
Die grünen Totenhaine, wer hat sie gesehn außer im Traum?
Oder als Fata Morgana nach Stunden der Operation,
Wenn Proserpina auftritt, in den Händen die Spritze,
Die das Tageslicht wiederbringt und im Bett nebenan
Das Wimmern des Nachbarn, dem ein Stück Körper fehlt.
Schweig still, Schmerz. Das Wort ist im Traumzustand
Für eine weitere Erdumdrehung ... Und bist du dann klüger?
Die immer neue verletzende Taubheit
Der jüngsten fünf Minuten Geschichte verwandelt in Fluch,
Was noch eben Gebet war.
Willkommen vorm Bildschirm
Im überheizten Zimmer, willkommen zum Durcheinander
Von Zeitungen, Unterwäsche und welken Rosen.
Die Uhr auf dem Nachttisch mit der Uhrzeit vom Tag davor,
Bezeugt, was du wirklich dachtest zum Abschied,
Flach auf der Bahre wie deine schwangere Mutter,
Eskortiert von den himmlischen Schwestern –
Überflüssig die kommenden Generationen,
Seit von der Erde regelmäßig die Raumfähren starten
Mit gähnenden Menschen an Bord, von Schwerkraft befreit.

Seit die Masse Vergangenheit kritisch wurde, ist es der Mars,
Der zur Reise lädt. Ausgebleicht die Plejaden der Sappho.
Mondkrater erfüllen den Wunsch nach Ordnung
Besser als jede Architektur, jede neue Verfassung.
Unnötig, schwarz zu sehen, seit um die Sonne
Der Aschenrand wächst. Wird nicht das Auge geblendet?
In den Spiralnebeln vergißt sich die Kurze Geschichte der Zeit,
Die sich ein Grieche erzählte, ein Römer, ein Astronaut.
Funksprüche geistern noch hin und her, ungehört
Durch den kalten Außenraum. Hier am Boden
Winkt man dem Satelliten, bevor er verglüht
In der Umlaufbahn.
                                        Jemand träumt einen weißen Tag,
Einige Schweigeminuten am irdischen Ufer
Für eine Stimme, silbern, aus einem Grab in Sibirien –
Was ich jetzt sage, sage nicht ich ...

Asche zum Frühstück

Dreizehn Fantasiestücke

Und dann kommt der heitere Teil vom Sterben. Versöhnt
Mit dem Tag der Geschäfte verspricht und Verträge bricht,
Drehst du dich früh aus dem Spiegel.
                                        Dein gebrauchtes Gesicht,
Scharf rasiert, das dem Quengeln von innen höhnt,
Gehört dem Empfangschef, der die Verhandlungen führt.
Hinterm Jochbein verschanzt, hinter funkelnder Brille –
Hat seine Leichenblässe dich nicht manchmal gerührt?
Sicher, man kennt sich. Das heißt, ohne Promille
Tritt keiner dem andern zu nah (und auch das besser selten).
Denn vor der schmierigen Wand, konzentriert auf das Gelbe
Im Porzellan, ist man wieder der Andre, wieder derselbe,
Dem im Moment der Entleerung die Klassiker gelten.
»Alles fließt.« »Hör auf in den Eingeweiden zu wühlen.«
»Lebe verborgen.« »Erkenne dich selbst.«
Doch bevor du hier fortgehst, vergiß nicht zu spülen.

***

(Von den Doppelgängern)

Doch dann wird es Zeit, sich den Rücken zu kehren. Die Tür
Läßt den Affenkäfig vergessen, das Namensschild Darwins Coup
Den gespreizten Daumen zu deuten, den Pelz unterm Hemd. Und wofür
Sind Schuhe und Hausecken da, wenn nicht, um ihn abzuschütteln,
Den Wächter am Stammbaum, der die Sprünge vom Sie zum Du
Pantomimisch begleitet.
Vom Totschlag mit Knütteln
Lenken ihn Türschlösser ab, Geldbörsen, Knöpfe, Telephonhörer –
Alles was griffbereit ist, woran sich fummeln läßt rund um die Uhr,
Weil die Finger, verdoppelt, sich kreuzen. Unrast, der große Zerstörer,
Macht aus dem Läusesammeln die tausend Verrichtungen täglich.
Zwischen Imbiß und Beischlaf wie oft, fern der Oldoway-Schlucht,
Zeigt der haarige Kerl sich, humpelnd auf Fäusten, und scheitert kläglich,
Wo die Leiter schief steht, der Lift klemmt, beim schönsten Höhenflug.
(Soviel zum *Ursprung der Arten*, zum *Unbehagen in der Kultur.*)

***

(Dis manibus)

Abgeräumt das Lokal, verlassen von den guten, den bösen Geistern
Die Caféhaustische, die Leseecken, die blitzenden Theken.
Jetzt sind sie allein, Infizierte, mit ihren Meistern,
Die von der Sprechzeit nichts wissen in den Bibliotheken.

Und wie Fliegen im Doppelfenster (weder drinnen noch draußen)
Die grannigen Beine reiben, ermattet vom nahen Vakuum,
Holt sie der Juckreiz ein. Sie kratzen sich in den trostlosen Pausen,
Wenn die Bücher zusammenrücken und klar wird, sie bleiben stumm.

***

(Von der Eins in der Menge)

Du aber warst bald erkannt in deinen scharf gebügelten Hosen.
Doch es macht dir nichts aus, wie es scheint, pfeifend weiter zu gehn.
Ein Gefühl von Preisschild im Nacken, was? Unter der Zunge
Den Geschmack von Leitungswasser und von Konservendosen.
Streng als Eins lebst du hin. Gewöhnt an die Ordnung der Zehn ...
Rechnend nur mit den zählbaren Dingen. Egal, wie verschlungen
Laokoon war, – du bist dieser vorwärts rückende Strich
In beengten Straßen, das Komma, fehlplaziert, eines fleißigen Setzers,
Dem die Stadt in Gedrucktes zerfällt, in Tabellen und Spalten.
Und die zwei mal zwölf Stunden, die Kolumnen elektrischen Lichts,
Sind Versprechen genug. Offnen Munds lernst du schätzen,
Was die vielen Gesichter der Null niemals halten.

***

(Von der inneren Unruh)

Und wie ist es mit dir? Schon mal ans Aufhörn gedacht?
Das Hirn, kaum allein, schon verwahrlost, spielt mit jedem Gedanken,
Wenn er nur groß genug ist und in Riesenschritten zum Ende führt.
Lieber als Erdnüsse knacken, sprich die Minuten, ist ihm die Schlacht
Gegen den übrigen Körper, den traurigen Rest. In die zitternden Flanken
Stößt es gern mit brutaler Neugier. Ein Reporter, der ungerührt
Die Zerstörung studiert, als sei sie *sein* Werk, nicht das einer dritten Kraft.
Die zu verleugnen, ist jedes Mittel ihm recht.
Es begrüßt die Gewalt,
Die von Dingen ausgeht und Worten. Dank der Verletzungen, der Gravure
Kann es sich trösten, früh übergangen zu sein und demnächst abgeschafft.
So wird der Aschenbecher, schwer auf dem Tisch, zum willkommenen Halt
Am Abhang der Tage. Die innere Unruh zum Schutz vor den Uhren.

***

(Von der öffentlichen Hand)

Nein, was nie liegen bleibt, ist Geld. Blinkt auf der Straße,
Kopf oder Zahl, ein rundes Stück Metall, macht man den Diener.
Denn jede Münze scheint, wie durch den Schlitz gefallen, deplaziert,
Dort wo man hinspuckt und sich ausweicht. Spürt die Hundenase
Im Bodensatz nicht jeden Heller auf? Und setzt man, ganz Schlawiner,
Den Fuß nicht auf das Fundstück, pfeifend, als sei nichts passiert?
Warum, wenn der Triumph nur pfennigweise kommt, und niemals nie
Sind unter all den Groschen Silbertaler, Golddukaten?
Denn meistens apportiert man nur den Hosenknopf und läßt
Mit roten Hängeohren seine Beute los, ruft jemand »*Iiih*!«.
Geld zieht den Blick an, magisch, macht den Arm zum Automaten,
An dem der Greifer zuckt, und was er packt, das hält er fest.
In aller Gier rührt tief im Müll – die öffentliche Hand,
Der es egal ist, was sie dort zu fassen kriegt. Statt einer schlanken,
Frisierten Göttin im Profil schiebt sich ein Kanzler in die Schwielen.
Wär dir ein Kaiser lieber, ein Torero? Schmeicheln Yen und Krüger-Rand
Der Haut wie Kauri-Muscheln? Und gehört nicht alles Geld den Banken?
Ach, daß man immer wieder Kleinkind ist, in den Fäkalien spielend.

***

Und warum, fragt man sich (und *Warum* ist die kindlichste Frage)
Bin ich ausgesetzt dem Parcours, diesem Lauf auf verkauftem Boden,
Wo die tote Taube zum Fußball wird, den der Schwächlichste kickt.

Still gezeugt von Verliebten, wer weiß, auf der nächstbesten Trage
Beiseitegeschafft nach dem Herzinfarkt, mit erkalteten Hoden.
Einer, der weiß, wann ein Wort nicht mehr wirkt. Der verschlossen nickt,

Weil auch Lächeln trügt, Scham, und der Mund gern den Rachen deckt.
Sind die tragischsten Rollen nicht stumm? Und wie viele Szenen
Bleiben unbezeugt, eh der Lappen flink übers Wachstuch streicht.

Menschen ändern sich, Städte, doch nicht am Nabel der Leberfleck.
Und wehe, du beugst dich nicht, eine Kußhand hier, dort ein Dehnen
Akrobatischer Glieder, – diesem Leben, so unnütz, so reich.

***

(Robinson in der Stadt)

Wie die Ufer versteinern ... Nur er schaut aufs Meer hin wie immer.
»Dieses winzige Zweibein, wer ist das?«, fragen sich stumm die Gerüste
Am neusten Büroturm, die skelettsteifen Kräne. »Absolut spinnert«,
Gähnt ein Erdloch und stinkt.
                                        Aus dem Schiffbruch kein Zimmer,
Vom Kinderbett keine Planke blieb übrig. »Nicht, daß ich wüßte«,
Schweigt ein Sperrzaun, befragt, ob der Mensch ihn an etwas erinnert.
Doch er kann es nicht lassen. Tief im Landesinnern gestrandet,
Sind die Dächer der Vorstadt sein Horizont, den er absucht. Wonach?
Aus den Segeln wurde die Leinwand der Kinos. Was draußen brandet,
Ist nur der Autoverkehr. Kein Mast, der ihm nicht droht »Dich leg ich flach«.
»Verpiß dich!« schallt es von jedem Friedhof, den die Bulldozer räumen,
Weil die Liegezeit um ist, verjährt sind die Abos für morsche Gebeine.
Allerorts treibt ein Blaulicht durch Straßen, ohrenbetäubend – – tatüü, tatüü!
Nur er grast den Beton ab, Sammler von Strandgut, kommt nie ins Reine,
Wenn am Freitag zum Beispiel, auf hohem Absatz, genug zum Träumen,
Ein Chanson mit den Hüften schwenkt: »*La mort vient et je suis nu* ...«.

***

(Von den Tageszeitungen)

Ich habe Asche gegessen zum Frühstück, den schwarzen
Staub, der aus Zeitungen fällt, aus den druckfrischen Spalten,
Wo ein Putsch keine Flecken macht und der Wirbelsturm steht.
Und es schien mir, als schmatzten sie, die parlierenden Parzen,

Wenn im Sportteil der Krieg begann, dem der Aktienkurs traut.
Ich habe Asche gegessen zum Frühstück. Meine Tagesdiät.
Und von Clio, wie immer, kein Sterbenswort ... Da, beim Falten,
Lief das Rascheln der Seiten als Schauer mir über die Haut.

***

(Von den Reden im Schlaf)

Der Schaden ist angerichtet. Jetzt kannst du sehen.
Was ein Leben zusammenhält, ist das Loch im Kalender.
Kein Apoll, jeder Typ an der Ecke sagt dir, du mußt es ändern.
Denn geweint wird hier viel. Doch nur einmal lag in den Wehen
Wegen dir eine Frau, und nur einmal war um dich ein Zittern,
Das die Mauern durchdrang. He, ihr Lauscher, so fing es an.
Wenn die Fichten vom Regen triefen, am Christbaum Lametta flittert,
Werden die Knie weich, jedes Jahr wieder.
Kein schmerzender Zahn
Sticht den Druck toter Tage aus, dieses Heimweh nach Ungelebtem.
Du blinzelst? Der Schaden ist angerichtet. Was man hier sieht,
Ist so anders als alles, was den vom Lutschen verklebten
Daumen verheißungsvoll machte. Wonach der Säugling schrie.
Jedes Tischtuch zeigt, der Fleck, um den gestern schon Fliegen spazierten,
Daß die Stunde wie Ware verderblich ist, wieder kein Wunder geschah.
Wo ein Datum ist, hat der Körper das Nachsehn, der Letztplazierte.
Je weiter er geht, umso tiefer versinkt er, zuletzt über beide Ohren.
Und wer weiß, ob es Scham ist, vielleicht überlebt nur das *Blablabla*.
Der Schaden ist angerichtet. Die Bande, wo ist sie, der Liquidatoren?

***

(Von der Schönheit der Hämatome)

Blut stillt sich selbst. Was da schmerzt, bleibt Geheimnis der Haut,
Die den Einsiedler deckt, bis zuletzt, und nach Stößen begehrt.
Knochensatt knirscht die Erde. Aus jeder Einsamkeit sickert Zeit.
Deshalb die Spielchen zu zweit ... Wenn am Schenkel ein Veilchen blaut,

Ruft Verdacht gern den Teufel zurück, den altersschwachen Gefährten.
Dabei blüht sie nur Tage, etruskisch schön, unter Nylons und Kleid,
Die gebügelte Orchis. Aus der Rüsche, blutunterlaufen, der Raute,
Wird ein gelbgrüner Schmierfleck, der höhnt »Sieh doch hin, du wirst alt«

Und schon ist sie wertlos, die blaue Mauritius dort überm Knie,
Die holzige Stelle.
War der Mensch nicht das Tier, das Kaugummi kaute,
Als es Eden verließ und zur Mondlandung aufbrach, von Liebe und π
Überrascht wie im Sommer der Fuß, wenn er kleben bleibt am Asphalt.

***

(Von den falschen Bewegungen)

Was sind das für Tage, die als springende Fohlen beginnen,
Und die Nacht ist der Igel, der am Straßenrand seine Blutspur zieht?
Wer morgens aufbrach, das Fürchten zu lernen, federleicht auf dem Kies,
Steht am Ende des Rundgangs, Beine breit, über glucksenden Regenrinnen.
Dann schwimmt vorbei, was Andromeda an die Warenhäuser verriet,
Vermischt mit Sekreten, der Brühe, die aus gewissen Kliniken fließt.
Unmöglich, das Glückskind zu bleiben.
Wer einmal sah, wie der Hieb
Kalt in den Rücken traf, wie die Wespe den offenen Kindermund fand,
Hält sich raus aus dem Feilschen, aus »Vater unser ...« und »Selig sind ...«.
»Zu spät!« schreit Herr Schadenfroh beim Anblick der blutenden Hand.
Drei Ecken weiter, am Taxistand, tönt es schon »Haltet den Dieb!«.
Mit jedem Vollmond feiert Ohnmacht ein Jubiläum.
Fledermausblind
Bahnt sich das Unheil, bürokratisch, seinen Weg durch die Menge.
Mit einer Gräte im Hals endet, was als Diner in fünf Gängen begann.
Kein »O weh!« nimmt die Zentnerlast vom gequetschten Zeh,
Wenn der *Pas de deux* zum Gewichtheben wurde. Im größten Gedränge
Macht noch die schlichteste Botschaft den Passanten als Reißer an,
Wie auf dem nassen Filmplakat der verschwommene Titel »Theo-di-zee«.

***

(Vom Hier und Jetzt)

Was, wenn der Blick immer früher zurückkehrt, das brave Tier,
Dem nichts Menschliches fremd ist? Alles Neue macht es nur müde.
Überschaubar geworden, illustriert, fällt es leicht durch den Schlitz
Der entzündeten Lider: dies protzige Jetzt, dies verstiegene Hier.
Was immer piano beginnt, wie auf Mäusepfötchen und als Etüde,
Dröhnt aus sämtlichen Boxen zuletzt. Im Fortissimo schwitzt
Die versammelte Meute, laut kreischend *»Pan ist tot! Pan ist tot!«*.
Nicht mal im Unbewußten steht Zeit so still, daß man unbeschwert
Atmend verweilen könnte. Im Nu sind die Augenblicke verpatzt,
Da der Ton noch schwebt, das Gesicht. Wiederholung droht
Jeder primären Regung. Mit einem Bleistift zur Schädelnaht quer
Kritzelt steif eine Hand den erlernten Namen. Gott, wie das kratzt.

Kosmopolit

Von meiner weitesten Reise zurück, anderntags
Wird mir klar, ich verstehe vom Reisen nichts.
Im Flugzeug eingesperrt, stundenlang unbeweglich,
Unter mir Wolken, die aussehn wie Wüsten,
Wüsten, die aussehn wie Meere, und Meere,
Den Schneewehen gleich, durch die man streift
Beim Erwachen aus der Narkose, sehe ich ein,
Was es heißt, über die Längengrade zu irren.

Dem Körper ist Zeit gestohlen, den Augen Ruhe.
Das genaue Wort verliert seinen Ort. Der Schwindel
Fliegt auf mit dem Tausch von Jenseits und Hier
In verschiedenen Religionen, mehreren Sprachen.
Überall sind die Rollfelder gleich grau und gleich
Hell die Krankenzimmer. Dort im Transitraum,
Wo Leerzeit umsonst bei Bewußtsein hält,
Wird ein Sprichwort wahr aus den Bars von Atlantis.

Reisen ist ein Vorgeschmack auf die Hölle.

Memorandum

Alles geht weiter, nicht erst seit heute, vor allem der Krieg,
Das Anziehn täglich, das Ausziehn. Der schmerzhaften Nähe
Der beiden Körperhälften, der Ferne von Ich zu Gesicht,
Zu entfliehen hilft nichts. Und getötet, gezeugt,
Wird hier nicht nur aus Armut, zum Zeitvertreib auch.

Doch die Dichter, man weiß es, sind schwierige Leute,
Die nichts mehr stiften. Selbst das Gelächter
Klingt ohne sie schärfer. Es gilt ihnen kaum.

Nachdem er das Böse verherrlicht hatte und die Gewalt,
Sechs Gesänge lang, kehrte er um, Lautréamont der Skorpion.
Sein Epos vom Guten blieb ein frommer Entwurf.

Baudelaire, mit stumpfer Klinge zum Selbstmord bereit
Beim Erscheinen der ersten großformatigen Zeitung,
Glaubte das Ende der Dichtung nah, nicht zum letzten Mal.

Daguerreotypie Baudelaire

Und niemals wieder kehrt in Paris diese Straße
Mit dem trüben Mansardenfenster, das sich beim Hinsehn schließt.
Dort ging Baudelaire in grüner Perücke und jagte die Phrase,
Den Krankheitserreger, in Gazetten, auf rostige Haken gespießt.

Zwischen Kirche und Abdeckerei kam ihm alles abhanden,
Was zum Auftritt gehört, – die Demut, die Glorie, zuletzt der Elan.
So gab er gelangweilt den Dandy, ein Versuch, bei Aktricen zu landen.
Und sah ihn krepieren, im Rinnstein, den humpelnden Schwan.

Die Stadt aber mausert sich seither im photographischen Licht,
Das die Baumkronen schält, vor hellen Fassaden, zu blankem Gebein.
Wenn der Mohr auch allnächtlich die weiße Geliebte ersticht, –
Die Schatten vorm Opernhaus sind es müde, Gespenster zu sein.

»Nein, verdammt ...«

Schlachthaus Europa, –
Und Paris war die Rampe, hier landet die Melancholie.
Wucherei zahlt sich aus, jeder dreht jedem höflich den Strick.

Und Baudelaire, der Verächter, endet in Aphasie.
Die Syphilis bricht ihm die Zunge, doch nicht den Blick.

Allein unter Bürgern, mit den Stadtdämonen auf gutem Fuß,
Lebt er gegen den Schmerz an, vom Tag übernächtigt.
Frühreif sein Leiden: keine der Musen –
Venus, die Schreckliche, hat sich der Städte bemächtigt.

Fünfzehn Wochen ist er gelähmt. Der nichts mehr schreibt,
Spricht nicht mehr, liest nicht mehr. Was sind Gedichte
Gegen die Folter im Hirn, das Ächzen im kranken Leib?
Am Tag der Geburt geht ein Befehl an das Jüngste Gericht.

Der katholische Dandy, bis in die Knochen exzentrisch,
Summiert sein Leben stotternd. *Non, cré nom ... nom.*
Wird dieser Körper, gierig nach letztem Öl, schließlich fromm?

Die belgischen Nonnen vom Hospital (»Armes Belgien!«)
Glauben den Teufel im Haus zu haben.
So hilflos sind Dichter, wenn sie in Flüchen schwelgen.

Wer wird dieses Herz, die tiefschwarze Galle, begraben?

Groteske zu später Stunde

Durch welches Fernglas sieht man Cannes im Schnee?
  Blüht einmal doch Hibiskus auf Spitzbergen?
Soviel Komfort im Flugzeug, doch an Bord kein Séparée
  Schützt uns vor Herpes und verwöhnten Zwergen.

Der Farbe Rot ist mancher Unfall zu verdanken.
  Heißt das, sie tötet kalten Blicks und zielt genau?
Sind wir schon fällig, lang bevor wir dann letal erkranken?
  Ein Irrtum schwelgt oft lebenslang im Blau.

Und selten kommt, was an die Nieren geht, allein.
  Ich weiß nicht ein noch aus, ist eine Redewendung.
In welchem Spielfilm flogen Albatrosse übern Rhein?
  Braucht jedes Trostwort eine weiche Endung?

Das Haar der Toten, sagt man, wächst noch lang im Grab.
  Woran erkennt man, exhumiert, die Seinen?
Drei Zentner Schlaf nimmt auch der Jüngste mit hinab.
  »La chair est triste, hélas!« steht auf den Steinen.

Alzheimer Engel

Alter Erzengel, was nun?
Müde geworden? Dein Flammenschwert
Steht zur Auktion und die Flügel ruhn
Im Theaterfundus. Was ist er wert,

Dein heiliger Zorn, – ohne die Schranken,
Die der Hybris gesetzt sind. So leicht
Kommt hier nichts mehr ins Wanken.
Wen dein Arm nicht erreicht,

Soll der Strahlblick ihn strafen?
Lächerlich bist du, vergeßlich geworden.
Folter hast du, Geschäfte, verschlafen,
Das zeugenlose belustigte Morden.

Alzheimer: heißt *so* das Ende der Schrecken?
Kranker Engel, du weißt, was geschieht
Ist Geschichte, – danach. Laß sie stecken,
Deinen Bann, deinen Fluch. Wer dich sieht,

Lebt im Glück der Vertreibung. Das Böse
Gibt sich politisch. Es hat kein Gesicht.
Arbeitslos stehst du, taub im Getöse
Des Zeitvertreibs vor dem Jüngsten Gericht.

Nach den Satiren

In der Stadt zu schlafen kostet viel Geld,
Davon rühren alle Übel her.
Juvenalis, Dritte Satire

I

Mit den Fühlern voraus, wie die Schnecke ins Rennen geht,
Kehrst du nach Hause früh, durch den blutigen Brei
Dieser Städte, beim Wechseln der Straßenfront
Das getrocknete Blut an den Sohlen.
Ein neues Jahr
Hat begonnen. Die ersten Kinder sind auf dem Asphalt,
Die ersten Alten im Schlaf geblieben. Verbrannte Körper
Steigen als Rauch in den Himmel, hinter Kapellen hervor.
Wegen des milden Winters sinkt der Verbrauch von Heizöl,
Kommen die Zugvögel früher zurück, liegt in der Luft
Ein Ermuntern zu höherem Einsatz, brutaler Eroberung –
Schnelle Liebe auf Autositzen, Yoga im nächsten Park,
Ein fernöstliches Lächeln, das über den Dächern schwebt,
In Tröpfchen sich niederläßt auf den Blaubeeren, Trauben
In Stiegen am Wegrand, auffährt mit vertraulichem Wind.
Zeit, aus den Löchern zu kriechen …
Mach ein Register
All der Dinge, die dir jetzt wichtig sind. Wie sieht er aus,
Dein Schild des Achill, dieser Fahrplan aus Nichtigkeiten,
Ereignisschwer. Sind es heroische Stunden, Gewitter
Über entlaubten Bäumen, Schreie aus Schlachthoftiefen,
Museal wie die wogenden Leiber auf einem Gigantenfries?
Oder waren es Rinnsale, Schwangerschaften, Tapetenmuster
Aus nässenden Wunden, getrocknet am Straßenrand,
Szenen, auf leere Blechdosen geritzt, Karikaturen im Dreck,

Der sich zu Füßen der Stammtische sammelt, im Umkreis
Verbissener Hunde und ihrer Besitzer, im Streit verkeilt?
O diese Hundekämpfe an jeder dritten Ecke, das Rangeln
Um den Blick eines Mannes, den Geruch einer Frau
Mitten im Dickicht. Dafür spielen die Muskeln
Vor geöffneter Kühlerhaube wie geölt überm Motorblock.
Dafür schimmern die Beine durchs Nylon, drohen Parolen
An den rauchdunklen Mauern mit ungeheuren Verbrechen.
Jederzeit wird ein Spielplatz zum Tatort. Eine Passage
Sortiert die kommenden Opfer nach Alter und Schwäche,
Selten nach Wohlstand. Jemand im Rollstuhl, ein Bettler,
Entgeht einem Raub sowenig wie die Alte am Friedhofstor.
Überfahren wird einer, weil er den Parkplatz blockierte,
Weil sein Lächeln verdächtig war und die Sonne zu heiß.
Wer riskiert jetzt zu helfen, wenn ein Verletzter halbtot
Nach einem Überfall sich durch Glasscherben schleppt.
Daß er allein war, sein Fehler, daß er sich wehrte, sein Pech.
Denn die Meute zieht weiter, zerstreut sich. Minuten später
Hockt sie verteilt in den Parks, lauert im Schwimmbad
Träge am Beckenrand, bis das Wasser sich rot färbt.
Wo einer beim Skatspiel erschlagen wird, in den Kneipen,
Weil er zu laut war, herrscht tags darauf reger Betrieb
Unter Ventilatoren. Daß vergewaltigt wird, gilt als normal,
Daß ein Fenster zum Einbruch führt, eine Mülltonne brennt.
Hinsehn ist alles ... »Leben kommt und vergeht im Affekt«.
Jeder Tag kann ein Tag sein, der alles zerreißt
In einer Stunde wie jede, alles und nichts,
Was die Netzhaut behält.
                                        Denn das Unheil ist stumpf
Im Moment des Erscheinens, vergessen,
Wo eine Kehrmaschine das letzte Wort hat, am Morgen,
Wie das Schuhpaar des Mörders der Bordstein glänzt.

In der Stadt zu schlafen, kostet viel Geld. Daher die Übel ...
Sagt Juvenalis, zweitausend Jahre vor deinem Eintritt
In die Reihen der Zeitgenossen, urbaner Widergänger,
Den eine Schönheit anfällt zwischen zwei Häuserblöcken,
Hier wo das Herz der Gewalt schlägt. An deinen Schläfen
Fängt sich ein Luftstrom aus alten Städten. In deiner Hand
Erinnert die Münze an die Kühle der Thermen Roms
In der Zeit der Satiren ...
Als die Vorstadt zur Hölle wurde
Nicht nur für Christen, als in den Villen den Marmor
Kein Wasser mehr reinwusch, satt von Zynismen,
Der Dichter auf Fischschuppen ausglitt, der fette Sklave,
Und das Jahrhundert starrte in ein Muränenmaul.
Noch stand an keiner der Mauern *Was ist das Böse?*
Das es doch überall gab, wie die Unschuld, die Schaulust
Beim Schlachten im Zirkus, wenn die Hirnschalen krachten,
Das zufriedene Blinzeln, als der Jude verreckte am Kreuz.

Nicht der Frühling war grausam, der neue Flieder, grausam
War dieser Blick aus verwaschenen Augen, die Trägheit
Hinterm Rücken des Henkers, den seine Ruhe verriet.
Denn der Krokus kehrt wieder, die Erde bricht wieder auf
Mit dem Blau kühler Himmel. Dicht am Asphalt
Spiegelt das Gras sich in den Vitrinen des Juweliers,
Der eines Tags ausgeraubt wird. Ein Kopfschuß
Macht aus dem Ladentisch einen blutenschweren Altar.
Im Handumdrehn ist die Stadt ein hysterischer Traum,
In dem die Bäume gezählt sind, die Hecken, und Panik
Aus den Büschen nach Fußgängern greift. Vor den Cafés
Folgen Tauben, pedantisch nickend, jeder falschen Regung
Wie die Opfer von Trickbetrügern. Durch laute Straßen

Ziehen bewaffnete Kinder zum Duell auf den Schulhof.
Halb verwelkt sind die Rosen, die der stumme Verkäufer
Anpreist wie ein gehetztes Tier. Vor dem bösen Blick
Aus dem Kinderwagen schreckt selbst die Mutter zurück.
An einer Kreuzung hackt ein Mädchen auf Kohlköpfe ein.
Vielleicht sind sie fremd hier, sie alle, wütend, zur Unzeit
Geboren zu sein, unterm falschen Sternbild.
... Wo es Wunder genug gibt, wie Horoskope und Hunde,
Die mit der Schnauze in Zeitungen blättern, Dämonen,
In Hausfluren ausgesetzt, winselnd.
In dieser Enge
Führt jeder Schrei von begrünten Balkons zum Gerücht
Unter Nachbarn, schließt eine Tür wie ein Verdacht
Mit dumpfem Ruck. Irgendwo ist ein Totschlag die Folge
Einer verkannten Bitte. Unter metallischem Laub
Raschelt der Jähzorn, der Ärger. Wie Gasgeruch legt sich
Über Straßen im Zwielicht, Plätze, tags dunkel, ein Fluch,
Der Vergangenes aufstört, und schon brennt die Luft.
Und da bist du,
In den Momenten des Aufruhrs,
Während dein Körper neben dir geht, staunend,
Hunderte Leben seit Juvenalis, macht es dich stumm,
Wenn du siehst, wie ein Messer die Worte abfängt, zischend
Ein Streichholz die Szene aufreißt, den magischen Kreis
Aus Gewalt und Reflex, – bis mit dem Rücken zur Wand
Einer allein steht, erledigt.
Und wieder fährt Abendwind,
Eine Neuigkeit durch die Linden, steigt und fällt im Geäst.
Autos gleiten vorüber, friedliche schillernde Hechte
Im verregneten Schilf. Den Verkehr regeln Pfiffe,
Ein Zirpen aus Vogelnestern, diskrete Winke.

Nicht der Blütenstaub, fein verteilt, nicht dieser Schmerz
An den Haarwurzeln, mit jedem Frühling erneuert,
Nicht das Erwachen ist grausam. Was aber dann?
Sind es die tückischen Augenblicke, die kleinen Schocks,
Wenn da was Totes im Weg lag, eine Mahlzeit für Fliegen.
Wenn du siehst, wie ein Blinder ins Leere greift, lächelnd
Ein Gesicht sich verschließt. Wenn durch den Tag
Plötzlich ein Riß lief, in dem das Eingeweide sich zeigte.
Ist es der Schläfendruck, wenn das Gewölbe aus Übermut,
Auf dem man so sicher ging, lautlos zusammenstürzt,
Und nichts hält hier inne, nichts unterbricht den Verkehr
Aus Gejammer und Witzen, Zerstreuung und wirrem Gebet,
Der die Tische verrückt, unheimlich, die Gläser im Schrank
Nach Jahren klirren läßt, tief in den Schlafzimmern
Das Drama enttäuschter Nähe eröffnend.
                                        Bis die Kälte hereinweht, der Haß
Durch Gardinen, grau wie das Lungengewebe von Rauchern,
Mit den Stimmen vom Jenseits, aus gurgelndem Abflußrohr,
Aus der Welt der Unfalltoten, der familiären Leichen,
Über den Fahrplänen brütend, vor keiner Ankunft mehr
Als in der jüngsten Frühlingsnacht auf dem schwarzen Rasen.
... wo sich alles zusammenfügt. Aus verschüttetem Kellergang,
Durch die Roste im Straßenpflaster, den Dampf im Luftschacht,
Sind dann Gesänge hörbar, die schönsten Arien
Der lange Vermißten, lange für tot Erklärten
Unter der Erde in ihrem ewigen Rom.
                                                        Dort also gingst du,
Morgens noch schlaflos, wie in Raubtieraugen vertieft,
In das Gerinnsel auf leeren Straßen, wo nach dem Regenguß
Der Asphalt sich streckte. Von seinen Buckeln perlte
Ölig das Wasser, in dem die Zeitungen weichten, die Reste

Von Essen und Einkauf, der Abfall der letzten Stunden,
Der an den Rändern zusammenfloß, zoologische Jauche.

Dort also gingst du, traumlos, mit registrierendem Schritt, –
Einer der Körper, verspannt in Gedanken, beraubt
Der Reflexe, die es braucht, um beiseitezuspringen, dem Ziegel
Vom Dach auszuweichen, dem Auto, der Glastür im Weg.
Einer der Schulden machte und Verse auf eine Banknote schrieb,
Zögernd zur Unzeit, euphorisch, wenn eine Geste gelang.
Einer, dem nur der Paß in der Tasche gehörte und das Notizbuch,
Im Laufen gefüllt, sonst nichts; keine Eidechse, nach Juvenalis,
Ein Glück, das alles bedeutet, wie in der Enge der eigene Platz,
An dem es sich atmen ließ. Einer, der staunend am Rand stand,
Wo die Schatten durchquerter Leben sich sammeln
In den Ruinen aus schnellem Geld.
Sein komfortables Gehirn
War das einzige, das ihm hier half, in der blutdunklen Strömung,
Immer wieder geködert, vom Haken sich loszumachen
Mit zerrissenem Maul. Episoden aus Schmerz, –
War das der Körper, sein Gedächtnis die Melodie von Gewalt,
Die das Gewebe durchzieht, der neuralgische Kehrreim
In den Rückenwirbeln, sein Herzton ein Echolot in die Zeit?
In die du eingehst, restlos, ein bald verschwundener Zeuge.
Einer, der auszog, das Fürchten zu lernen, und dem der Kopf
Dröhnte am Morgen, von Redefetzen und Marktgeschrei,
Schrillen Szenen, wiederkehrend wie Schwalben im Sturzflug
Unter den Himmeln. Wohin verflüchtigt sich, was du bist,
Was du geworden wärst, auf welchen Wegen verlor sich das?
Dein vergessener Schatten, folgt er nicht spöttisch dir nach,
An jeder Ecke ein Andrer, in dem sich dein Silberblick fängt,
Der Gedanke, genauso prächtig zu sein, so versichert, so fest?

Bis zur nächsten Erschöpfung, chronisch beim Anblick der Uhr,
Zu jeder Tageszeit wieder. Das *Zu spät*, das *Zu früh*
Hält den Körper in Spannung, und das Erinnern
Kehrt immer vom falschen Ende zurück.
Am Morgen danach
Sind die Postämter zu. Vor Nässe klamm werden die Briefe
In den gelben Kästen, die keiner leert, bis es zwölf ist. Das Geld
Ruht in den Banken, alarmbereit, hinter versiegelten Türen,
Ein gefährlicher Stoff wie in den Tropenlabors die Erreger,
Deren Opfer weit weg von hier sterben, in sicherer Ferne.
Wie im Bürgerkrieg sind die Rolläden dicht, hinter Gittern
Die Geschäfte den Schauhäusern gleich, glasiert in der Frühe
Mit Leichenteilen in jeder Tiefkühltruhe, geäderblau
Strahlend aus jedem Eisblock, vor den glänzenden Kacheln
In Dosen das Fleisch toter Tiere. Kein Gesicht einer Frau
Tröstet das Weinen der Dinge, den scharfen Grabsteinglanz
Aus den Regalen. Stillgelegt zwischen Wachen und Schlaf,
Vergißt sich die Stadt in der Stadt. Im Innern der Bars
Trocknen die Spuren der Wutanfälle vom Tag. Die Lokale,
Berühmt für die schmierigsten Böden, sind längst präpariert
Zum Tatort von morgen. Geräumt sind die Bunker
Der großen Kinos, wo die Zombies gefeiert wurden, die Geister
Der Leinwand, Schatten werfend bis weit nach Mitternacht.

Nicht zum letzten Mal ging das Brennende Rom, Neros Bühne
Unter im Schneesturm der Bilder, der aus Atlantis weht –
In denselben Kulissen, in denen Troja verschwand –,
Aus californischen Totenhainen, überschwemmt von Musik.
Und der Sieger hieß Christus, der das Böse gesehn hat im Film.
Blind für den Morgen liegen die Ungeheuer im Schönheitsschlaf.
Der letzte Werwolf ist heimgetrottet, der jüngste Vampir,

Mit Zahnweh zu Kreuz gekrochen, hat sich reuig ins Bett gelegt.
Auf den Wiesen verteilt, in den Bäumen hockend, wie ausgestopft
Warten die Krähen auf ihre Stunde, geduldige Vögel,
Die ihre Zukunft dem Müll verdanken, ihr uniformes Gefieder,
Seit die Würmer zu mager sind.

Die Augen zu Schlitzen verengt,
Siehst du den Frühling im Anmarsch, die Straßen gezeichnet
Von den Reifen der Lieferwagen aus allen Ländern Europas.
Einer der heimwill, bevor es Tag wird, und viel zu lange
Dauert sein Gestern schon, und am Gaumen der Blutgeschmack
Hält ihn zurück auf der Erde, im Laufen, und von Geburt an
War dieses Murmeln beruhigend, wenn von der anderen Seite
Des Schlafes er selbst sich entgegenkam, mit erhobenen Händen,
Nichts mehr zu sagen und zu bestreiten, ein stummer Zeuge
Für die versickernde Lache, am Bordstein den weichen Rest.
Für den wippenden Strauch, die Spur eines Aufflugs.
Für jedes Indiz, das verschwindet wie auf dem Glas
Kondensierter Atem, das Blaulicht im brechenden Auge.
Für den Schleimrand vom Horizont her, den Glanz
Riesiger Fühler aus rohem Fleisch, Dämmerung
Noch auf den letzten Metern. Für alle Morgen,
Über die Dächer kriechend im ersten Licht.

II

»Hast du gedacht, es sei rein
Dieses Leben, auf nüchternen Magen kein Faustschlag,
Und keine Lüge den Lieben, und jeder Mord
Klärt sich auf, irgendwann, und kein Opfer verliert
Seine Sprache? Was hast du gedacht als es losging
Im weißen Krankenzimmer, als später dröhnend
Die Luft dich umfing und das Gras an den Knöcheln.
Und alles war Himmel im dritten Sommer, gesehn
Durch ein Astloch im Zaun, mit Augen, die mitgehn
Mit jedem Schmetterling. Und alles war Hölle,
Wenn man allein stand plötzlich beim Blindekuhspiel,
Den Kopf verdreht hinter der schwarzen Binde,
Schwindelnd ins Leere greifend: was hast du gedacht
Beim ersten Verrat, als der Mund hinter kaltem Rauch
Zurückblieb, und manches Wort war ein Altersfleck,
Lange im voraus. Und niemand erschrak, niemand
Sah, wie der Schnitt durch den Tag ging und jedes Ding
Zum Komplizen machte. Kein Traum war immun
Gegen Zimmer im Zwielicht, Gelächter aus Gräbern
Oder den Lärm einer Uhr. Und im fünfzehnten Winter
War Nacht dieses Laken, überschwemmt von dir selbst,
Den eine Fliege erpreßte, ein zuckender Nerv.
Was hast du gedacht, im Wald verirrt, in der Gewalt
Dieses pilzweichen Bodens, der dich zum Ausruhn rief
Unter Fichten, benommen vom Harzgeruch, und am Puls
Befühlt wenn du krank warst, umsorgt bis zum Morgen.
Und was blieb von dir, blutend, am Rand des Spielfelds,
Hinter den Linien, wo jede Regung dem Ball gehorchte,
Plötzlich unbrauchbar, und das Gerangel der Körper

Ging ohne dich weiter, und nichts war so schmerzhaft
Wie Ignoranz, – beim Anblick der ziehenden Wolken
Die Gewißheit posthumen Glücks.
Was hast du gedacht
Nach dem ersten Toten, dem zweiten, und beim dritten
Fiel das Bedauern in Gleichschritt, der Appetit
Kehrte wieder und alles war unaufhaltsam,
Nahm sich das Auge dem Fall an, folgte das Ohr
Dem Verderben nach Hause, an den gedeckten Tisch.
Arglos vor jedem Hunger, wie war dir zumute
Satt, über den Gräten geköpfter Fische, und wie
Beim Durchwühlen des Abfalls später und vorm Idyll
Eines brennenden Plüschtierhaufens, vor einer Pfütze,
Aus der ein Turnschuh Blut trank, ein Lehrbuch ›Deutsch‹.
Vertraut mit dem Ekel, endlich, und ohne Heimweh
Nach einem andern Verirrtsein, allein
Mit den heimlichen Freuden: warum das Grinsen
Im neunzehnten Frühling, beschlagnahmt zum Nichtstun,
In Waschräumen, Bahnhöfen, dämmernden Ämtern,
Die kein Erinnern voraussah. Und jedes Jahr
Brachte neue Verheißung, am Wegrand Zweige,
Die nach dir schlugen, und hinterm Rücken ging
Das verlassene Leben fort. Von Hornissen gejagt,
Auf der Flucht durch die Jahreszeiten, im Blütenstaub,
Hundert Mal tot im Traum, mit geweiteten Augen
Dir selbst beim Ertrinken begegnend, entsetzt
Vom eigenen Beileid, – was hast du gedacht
Aus dem Schlaf gerissen, umsummt von Erinnerungen,
Nackt im Hotelbett schließlich im dreißigsten Herbst,
Beim scharfen Zwitschern der Amseln um fünf Uhr früh, –

Hast du gedacht, du entgehst dem, Orest?«

III (Der lange Schlaf)

Wie in den Morgenstunden Wind
Die Straße leerfegt, auf der gestern Menschen gingen,
Die morgen Leichen sind und Geister, ruhlos in der Innenstadt;
Wie jeder Tag von neuem Geiseln nimmt, die nachts betäubt,
Im Bettzeug Falten werfen, an die Decke Schatten,
Auf freiem Fuß solange Schlaf sie aus der Schwerkraft hält;
Und wie das Sterben dennoch weitergeht, sich austobt hinterrücks
An einem Tulpenstrauß, von dem das Zimmer voll war,
Der früh zerwühlt ist, wie nach einem Regenguß entblättert
Die matten Stengel, und das Blumenwasser stinkt,
Ein Liter Wannsee auf dem Tisch.

Wie aus den Wänden Zähne wachsen, sieht man scharf,
Nach einer Nacht mit schwerem Traum, durch die Tapeten,
Die alten Zeitungen, schwarz von der Nachricht
Vom Krieg an allen Fronten, von Mannverlust und Landgewinn
Und vom Verschwinden ganzer Städte in Minuten,
In denen jemand ein paar Schlager sang und ein Klavierkonzert
Das Publikum entrückte, während fern am Konferenztisch
Drei Männer sich die Welt aufteilten, herzlich lachend,
Minuten der Verzückung und der Langeweile.
Von Hiobs Trübsal in den Luftschutzkellern, und wie Kain,
Der harte Kain betrogen wurde um den Lohn der Angst.
Und daß die Würfel lange schon gefallen waren,
Jahrzehnte früher, und Jahrzehnte später
Liest man befriedigt von der Niederlage
Der eignen Mörderbande beim Kaffee.

Wie klar der Tag beginnt, an dem sie alle fort sind,
Die einen und die andern tot. Ein Straßenschild
Hält noch den Namen eines Arztes fest, der viel bewirkt hat,
In einer Zeit der Roßhaarsofas, in den feuchten Kellerlöchern,
Wo eine Frau im Kindbett starb, geschwächt von der Geburt
Des nächsten Hungerleiders. Eine kahlgeschlagene Allee
Heißt nach dem bärtigen Propheten, der sie lange umtrieb
Mit seiner gründlichen Verachtung, mit Römerbrief und Manifest,
Die Tagelöhner und die Theologen und das Heer
Der Traumgenossen, die ein anderer Agent auf seinem Posten,
Der Missionar des Unbewußten hinterm Flüstervorhang,
Von einem in den nächsten Schlaf gehn sah.

Wie scharf das Licht fällt durch die jüngsten Ahornblätter
Auf den geschuppten Stamm, dem man nie ansehn wird
Den Deserteur am Ast, die kalte Schlinge –
Ein Sommerlicht, das immer Heute ist, in jedem Glitzern
Von Rollstuhl oder Kinderwagen; wie es tanzt
Und auf den Tischen spielt mit Glas und Trinkgeld und Besteck,
Nachdem die Witwen aufgestanden sind vom späten Frühstück
Bei einer Zeitung, schwer von soviel annonciertem Tod,
Vor Zeiten abonniert. Wie schnell
Zerreißt ein Herzinfarkt den schönen Vormittag. Wie leicht,
An einem Splitter, der aus einer Mauer ragt, an einem Dorn,
Fängt hier ein neues blutiges Kapitel an.
Und dann?

Dann kommt die Meldung, die den Schnee von gestern wärmt
Und ihn zum Schmelzen bringt, und unterm Rasen
Sieht man die Scherben schimmern, grünes Flaschenglas,
Und Porzellan aus Apotheken, Puppenköpfe und die Knöchel,

Die Knochen einer Zeit, als die Familien sich in Lager teilten
Und überm Spülstein hing der Bibelspruch
Und der Parteiversammlung folgte bald das Töten
Und Zehn Gebote waren neun zuviel. Und dann?
Dann wurde Blei gegossen in den Kriegssilvestern, und ein Haus
War etwas, das man treffen mußte, und sein Einsturz
Sah aus wie gottgegeben, und der Schütze,
Ein stiller Giselher am Zielfernrohr, ein Grenadier im Rausch,
War ein Maskottchen unter Schutt und Panzerschrott.
Die Städte warn den Himmeln ausgeliefert. Letzte Mauern,
Die von der Gründung noch geblieben waren, fielen.
Auf offner Bühne spielte, in entblößten Zimmern
Der Schlußakt (»Tod der heiligen Familie«) und die Straße
Nahm kaum Notiz, wenn überm Bürgersteig das Sofa hing.
Mit jedem Friedhof ging Erinnerung bankrott,
Im grauen Luftbild das Milieu. Und Auferstehung
War eine Wochenschau, die rückwärts lief. Und dann?

Im Lehm der Bagger stieß auf etwas Bleiches
Das knirschte und gab nach. War das der Schädel
Des jüngsten Träumers eines neuen Reiches?
Schwarzbraun ist die Haselnuß ... Mein Mädel

Sah meinen Tod nicht in den Splitterminen.
Der Stahlhelm schützte nicht das Warme, Weiche.
Es war so schwer zu sterben zwischen den Maschinen.
Ich war so schlecht als junge Landserleiche.

Wie in den Telephonen, fern verzerrt,
Die alten Schlager singen, irgendwas von Licht und Motten.
Und Frauenstimmen, rauh vom Rauch, verklären einen Raum,

Zu dem, was nachlebt, keinen Zugang hat. Ein Streichkonzert
Spielt auf der Stelle, wo im Untergrund verrottet,
Was einst zur Stadt hinauszog in den Tod. Mit Schaum
Vorm Mund war hier ein Gnom die Attraktion gewesen.
Und seine Nummer war der Haßtanz zwischen Eintopf-Tellern.
Vom Bierzelt führte ihn sein Weg in Sportpalast und Oper,
Bevor sein Publikum verstummte in Ruinenkellern.
Und übers Radio kam der Spruch *Das war Europa ...*
(Das war Europa, – und der Stier ein Hexenbesen.)
Jetzt stehn die Schrecken hinter Glas, und die Vitrinen
Schützen den Lampenschirm aus Menschenhaut, den Goldpokal
Voll Knochenmehl, die kannibalischen Preziosen
Des Terrors, der im Sturz sich in die Erde grub mit Krallen.

Wie diese Erde stinkt, zerwühlt, aus Kabelschächten.
Und Blasen steigen aus dem Schlamm des einzigen Kanals
Der nach dem Mord die Leichen forttrug zwischen Schrebergärten.
Die letzten Zeugen löffeln hinter den Gardinen
Verschonter Häuser ihre Mahlzeit aus Konservendosen.
Und man sah Mauern wachsen, untertunnelt, Mauern fallen,
Die Stadt, den Riesenspielplatz, unter den Vier Mächten
Zerstückelt und auf hellem Sand verhärten
Zu transsibirischem Beton.
                                        Berlin, das letzte,
Sah man verschwinden, wiederkehren und erneut verschwinden
Mit jeder Sprengung, wenn vorm Grau die Staubwand fiel.
Wenn unter halben Himmeln, auf den Kellern, nie geräumt,
Die neuen Häuser ihre Reihen schlossen, die zerfetzten
Platanen wieder Blätter trieben und die Busse unter Linden
Für *Sozialismus* warben und *Persil.*

Wie jeder Hausflur seine Toten träumt,
Seitdem *ein* Tag soviel enthält wie dieses schäbige Jahrhundert.
Und jeder Name löscht zehn andre aus am Klingelbrett,
Die nicht mehr für sich selber zeugen. Auserwählt
In einem schwachen Augenblick als manche noch verwundert
In das zivile Rauschen lauschten, blieb kein Amulett,
Kein Knöchelchen von ihnen übrig. Was der Rauch erzählt
Leugnen die bröckelnden Balkone bis zum letzten Einschußloch,
Und die noch jede Hand vergaßen, die polierten Klinken.
Steif zwischen Friedhofsgras, kein Finger droht,
Wie es das Märchen will, zuletzt aus einem Grab. Und doch:
Wie wehrlos eine Stadt liegt, wenn beim Anflug sinkend
Das Flugzeug einen Schatten wirft im Abendrot
Auf graue Wohngebiete, Parks flankiert von Lagerhallen,
In denen Güter warten auf den Abtransport,
Die morgen Schrott sind oder Grund zum Töten.
In tausend Hinterzimmern trösten Leute, die mit Lottozahlen
Ihr täglich Glück verfehlen sich beim Sport,
Mit Augen, die vom Fernsehn glasig sind, gerötet
Von langem Ehekrach.
Und wie Vergessen
Die Stunden antreibt, bis vor kalten Essensresten
Die Anekdote einschläft und der Kriegsroman. Wie Nacht
Die Festung Stadt nimmt und in Restaurants den Gästen
Das Stochern in den Aschenbechern lästig wird, das Gähnen,
Wenn jeder Witz erzählt ist. Wie der letzte lacht,
Allein beim Anblick des geparkten Blechs,
Das seinen Heimweg säumt. Wie im Gesang der Satten
Die Speicheldrüse mitsingt und die Furcht, den Zähnen
Geht es zuletzt wie den Fassaden hier. Geschwächt
Sehn sie den Fahrdamm, der wie Lackmus Flecken treibt

Von Öl und Tierblut und Benzin. Wie als vielfacher Schatten
Ein Denkmal nebenherläuft, hoch zu Roß
Irgendein König, gichtgeplagt und überlebensgroß
In schwerer Hand den Hammer, der Prolet
Die Stirn gesenkt wie vor dem Fall.
Dann kommt ein Schlagloch, das Spiralen in den Himmel dreht.
Wie viele Leben faßt ein Wiegenlied ... der Singsang
Für einen namenlosen Nihilisten ... Wieviel Schweigen geht
Verschüttet in den Ballungsräumen ... Wie von überall
Gelall, Gelall ... Berlin ... durch Haut und Wände drang
In ihren Schlaf, in deinen Schlaf, in meinen Schlaf.

A la fin tu es las de ce monde ancien
Apollinaire

IV

»(...............)«

Wir gingen lange schweigend durch den Morgen, er und ich,
Zwei Duellanten, die auf einen Blick die Straße messen,
Den Abstand zwischen jedem Baum und jedem Haus.
Und hinter dem Gespräch verschwand, was Stadt war,
Solange man hier Nahrung suchte, Nachtgesellschaft, Schlaf,
Entlang der Alptraumwege zu den Clubs und Bars.
Und hinter jedem Satz tat sich ein Gang auf, labyrinthisch,
Durch den die Jahre zogen – seine, meine.
Hast du verstanden, was es heißt *Hier kannst du sterben?*
Hast du verstanden, was es heißt *Da ist kein Zufall?*

Vom Bahnhof Zoo drang das Geschrei der Kattas
Gedämpft herüber. Weißt du, daß die Römer
Darin den Singsang der Lemuren hörten, fragte er
Mit einem Blick, der mir verriet, er träumte,
Wenn nicht von Hamlet und Orest, den Filmstars,
Vielleicht von Madagaskar. »Seltsam, daß der Urwald
Geräusche schluckt, die jede Großstadt ausstreut mit Sirenen.«

... *Die Toten kreischten in den Straßen Roms* ...
War eine Zeile, über die wir lachten (wenn auch leise).
Denn diese Stadt war unser Kopf, und durch den Kopf ging,
Was in ihr lärmte als Idee. »Hast du gesehn,
Wie schnell ein Haus hier abgerissen wird? Das neue

Ruft schon das Räumkommando, das den Plan nicht braucht,
Nach dem es angelegt war.« *Destruktion*
Verkündet eine Neonschrift den Glasfassaden,
Bevor Graffiti diesen Wunsch in grelle Farben fassen.
Baugruben sind hier Sammelplätze für Gespenster,
Die aus dem Sickerwasser trinken. Ihre Spur
Ist der Geruch verscharrten Lebens, das Miasma,
Von dem der Brustschmerz kommt und der Verdacht:
Der Mensch ist nichts zuletzt als eine trübe Pfütze,
Die vom Asphalt dampft, wenn sein Fleisch Geschichte ist.
Was ist ein Flecken Schleimhaut gegen die Betonwand,
Mit der ein Architekt sich für die Kindheitskälte rächte.
Was ist ein Nackenwirbel gegen einen Eisenträger,
Der noch zerborsten aus den Fundamenten ragt.
Was ist ein ausgeschlagner Zahn, der in der Schachtel rasselt,
Gegen das Rumpeln der Zementmischtrommel nebenan.
Wir gingen, und er machte mich nervös mit seinen Fragen.
Vor uns der Bahnhof mit dem Glasdach pries die Flucht an
Im nächsten Schnellzug. Doch egal aus welchem Süden,
War jede Ankunft auf demselben Gleis ein Hohn
Nach dem untröstlichen Gestank von Ammoniak im Tunnel.
Hast du gesagt *Ich träume schlecht?* Erzähl, wovon?

»Lang her, als Schuljungs preßten wir beim Zoorundgang,
Im Affenhaus, die Pickelstirnen an den Käfig.
Und wenn der alte Orang-Utan kam, dann feixten wir.
Und dem Schimpansenweibchen schnitten wir Grimassen.
Wir zeigten grinsend auf die feuerrote Vulva,
Die sie im nassen Stroh mit ihren Schaufelhänden kratzte.
Von diesen Händen hab ich oft geträumt, von diesen Schwielen.
Und immer war das Glas am Käfig dreckverschmiert –

Von außen. Ahnst du, was das heißt: von außen?
Dort wo Erwachsne gafften über Kinderschultern, die Voyeure.
Und wo die Kinder spuckten und wie kleine Teufel schrien,
Enthemmt sie alle und begeistert.«
Heißt *von außen*,
Daß du dich selbst gesehn hast dort und warst bestürzt,
Wie nah verwandt wir unsern Vettern sind? Daß seit dem Auszug,
Der Flucht, jahrtausendlang, aus Afrika, die Nähe blieb?
Als wär das alles einen Schultag her, den man geschwänzt hat,
Verspielt mit Bäumeklettern, Rauferei und pubertären Sprüchen.
Und daß man draußen zwar und dennoch drinnen hockt,
Dort wo die Sippe ihren Sud kocht und sich ankeift
In komfortablen Höhlen, – hast du *das* gedacht?
»Ich weiß nicht, was es war. Im Traum stand ich noch immer
Vorm Käfig angewurzelt, als die Klasse längst beim Nilpferd war.
Ein Suchtrupp wurde losgeschickt, und die mich fanden,
Erzählten was von Tränen im Gesicht, von nassen Käfigscheiben.
Es war die *eine* Szene, die mir wie ein Schimpfwort anhing.
Und wer mich ärgern wollte, rief mich laut beim Namen,
Stand auf, und machte *Huuh ... huuh ... huuh* ... den Affen.«
Wir mieden höflich jeden Blick, als er den Laut herausließ.
Und ich, sein Nächster, hörte mich im Stillen fragen –
Wie kommt es, daß uns sowas immer einholt,
Wenn wir ihn müde sind im Schlaf, den nächsten Morgen,
Der uns entfernt von etwas, das wir nie verwunden haben.
Nachts dreht es ziellos seine Runden durch den Schädel.
Tags arrangiert es Szenen Grimmscher Märchen, nur für uns
Bestimmt und doch kaum faßbar, das Unheimliche.
Da ist ein Treppenschacht, in dem verschwinden Tausende,
Mit einem Schatten im Gesicht, der ihren Rückzug deckt.
Da ist ein Kundenparkplatz, und der Druck im Magen

Kommt aus den offnen Kofferräumen, filzverkleidet.
Da ist die neue Straßenkreuzung, übers Jahr ein Unfallort,
Der in die Akten eingeht unterm Namen eines Philosophen.
Da ist der Fetzen Blattsalat am Schuh, der welke Rest
Von einem fürstlichen Menü, bei dem die Köche schliefen.
Und alles deutet aufeinander, nimmt mit jedem Fingerzeig
Dich, der zum Fürchten auszog, fest in eine Mitte,
Die nicht mehr deine ist.

Es war verhext. Er sprach
Wie einer, der mich kannte, lang schon, und werweißwoher –
Ich kannte *ihn*. Er war der helle von uns beiden.
Denn ich verstand ihn, und das machte mich obskur,
Verdächtig nicht für ihn, den keine Zeit trieb, doch für mich.
Ich sah Gespenster, wo der andre Babies sah in Windeln,
Die hoch reklamelächelnd an den Mauern klebten,
Die letzte Lage, klatschnaß, einer Fettschicht aus Plakaten.
War da ein Fußweg, sah ich Kreidestriche für die Körper,
Die bald dort liegen sollten, eingezeichnet, den Seziertisch.
Er sah die Zebrastreifen und sprach fröhlich von Safari,
Und von dem Heimweh, das wir alle teilen, – nach Savanne.
Wenn ich es eilig hatte, fiel er bald zurück. Mein Schweigen
War ihm zu düster. Er verkaufte mir, was er für Einsicht hielt:
Daß wir nur kennen, was ein Ich uns öffnet, diese Lichtung,
Auf der sich alles abspielt und Bedeutung wird, Girlande.
Daß die Minuten leicht zu knacken sind wie Erdnußschalen,
Und dieses Knacken macht uns weis, daß nichts geschehn ist.
Daß sich in Augenwinkeln sammelt, was den Blick trübt.
»Besser, du hältst mit dem Vergessen Schritt und atmest,
Wie es Gepard und Antilope tun, tief in die Flanken.«

Hab Dank. Wir waren fast zu Hause. *Hast du Dank gesagt?*
So ging es, wenn man schwankend nachts allein ging
Wie in Paris der zweimal Trepanierte mit dem Turban, blutend
Aus einer Wunde, die kein Arzt je fand, der Widergänger,
Dem im Hotel die Zimmer nachts zu Witwen wurden.
Soweit sie menschenleer war, kam an jeder Straßenecke,
Hier wo kein Schatten mehr Asyl fand, seiner mir entgegen.
In den Passagen machte, unter S-Bahn-Bögen, unser Schritt
Im Nachhall ein Geräusch, das uns vergessen ließ,
Daß wir die letzten auf den Beinen waren weit und breit.
So gingen wir vorbei an Grill, Bestattungsfirma, *Reisecenter*,
Und an Vitrinen, wo zu Stapeln aufgebahrt, in bunter Eintracht
Die Prosa der Saison auf Kundschaft wartete. »So viele Bücher,
Die keinen brauchen, der sie liest, weil sie an nichts erinnern.
So viele Seiten ohne Eigenschaften ...«, raunte er
Mir hinterm Rücken mit der Stimme, die wie meine klang.
Ich kannte sie aus Büschen, Bahnhofshallen und Baracken,
Nachts auf dem Land, wo ich zum ersten Mal die Augen schloß,
Zitternd vor Ohnmacht, von Geschichte eingeholt.
Ich wußte, der hier sprach, war lange vor mir da, und nach mir
Wird er noch immer da sein. Mit derselben Frage, –
Hast du verstanden, was es hieß *Du hattest alle Zeit der Welt?*

War *er* der zweimal Trepanierte mit dem Turban in Paris?
Der zarte Vogelfreund, der auf dem Markt den letzten Rubel
Für einen Stieglitz ausgab, um ihn freizukaufen, der Verwirrte?
War er der Hungerleider aus Peru, der auf der Parkbank schlief?
Wer er von denen einer, die sich früh vom Rest entfernten,
Ihr Austritt aus der Schlägerreihe ein Versuch in Demut?
War er der Ewigmorgige, auf den ich gestern stieß,
Und morgen wieder und am Tag danach, in jedem Heute,

An dem sich schließlich unsre Geister schieden aus Erfahrung.
Denn aus Erfahrung wußte ich, daß unser Weg im Abseits endet.
Daß man nur innehält um sich vorbeizulassen, ohne Wiederkehr.
Und doch, und als ich aufsah, schwamm für einen Augenblick
Die Stadt mit allen Dächern glitzernd auf dem Meeresspiegel,
Der für uns Schläfer hier die Null markiert. Weit draußen
War ein Tumult, und etwas prallte an den Horizont von unten.
Dann schien der Morgenhimmel pompejanisch rot.

Physiognomischer Rest

Vita brevis

Kurz und bös, ich bin großgeworden im öden Schlamassel,
Der allem droht, was sich verkennt. Unter Spatzen und Spitzeln
War ich auf leerem Appellplatz tollkühn, schweigsam in stummer Masse.
Ein Clown, siebenzüngig, ein Chorknabe, scharf auf die zynischen Witze.
Ungefragt sprechend wie andere spucken, beiseite
Hab ich die Schocks der Ohnmacht verleugnet mit schwarzem Humor.
Denn die Historie war mir von Nachteil, des Menschen Pleite.
Dort wo ich aufwuchs, kam Größe nur in Legenden vor.

Gleich mit dem Lesen hab ich Verstellung gelernt, in frühen Etüden
Unter Frömmlern den Thomas, vor Ketzern Sankt Petrus gespielt.
Ich sah die Null hochdekoriert, unter Zwergen den Riesen ermüden.
Der geborene Deserteur: lieber tot als auf Herzen gezielt.
Ich hab aus Panzern gekotzt, in Kasernen mich in den Schlaf geheult,
Im Zeltlager überm Kübel mein schiefes Grinsen rasiert.
Mehr als mein Knie vom Fußball war bald die Seele zerbeult.
Oft kam ich heim mit dem Meineid »Schon gut. Nichts passiert.«
Ich habe Akten gestempelt vorm Reißwolf, Bäume grün angepinselt,
Phantasiert über alles, und manches, was es im Traum nicht mal gibt.
Utopia zum Beispiel ... Seit Morus spielt das auf rauhen Inseln.
In den Neubausteppen hab ich den ersten mageren Körper geliebt,
Lang vor den Lilien den Müllwind geschnüffelt, die Dünste
Aus Kantine und Schlachthof und den Gestank voller Züge.
Ein Palast in Betongrau, das war die *Schule der Schönen Künste.*
Und aus den Klassen sang es: Ihr Musen, vergebt, wenn ich lüge ...
Alle Bedenkzeit der Welt hab ich gehabt, doch es gab nichts,
Was das Kopfschütteln lohnte. Die neuen Bibeln warn das Papier
Nicht mehr wert, und fürs Leben die einzige Lehre: die des Verzichts.

Eine Knastlitanei. Lang ists her, und sieh da, ich bin immer noch hier.
Wo Staaten wie Sandburgen rutschten, die Illusion hoch im Kurs stand,
War es Instinkt, die Musik lauter zu stellen und leise,
Die zwei, drei Zeilen zu summen, die dieses Land
Unter Wasser setzten. So ging ich allein auf die Reise,
Zurück durch die Brennesselfelder, die Dörfer, entgegen den Trecks,
Im Ohr noch den russischen Laut des Sergeanten: »Dawai, dawai!«.
Nostalgie, eine fistelnde Stimme, empfahl mir *Bevor du verreckst,*
Irgendwas Fernes. Die Brandung am Strand von Hawaii?

Traum vom fliegenden Fisch

Ein Fisch, der fliegt, – so fing Columbus' Traum
An einem Morgen an, mit einem Willkürakt.
Ist da ein Indien, das westwärts liegt,
Sticht man von Spanien aus in See?
Er sah, und traute seinen Augen kaum,
Wie aus dem Wasser Fische stiegen. *Neptuns Vögel*,
Schrieb er ins Tagebuch. In Wüsten Schnee
Entdecken war gewöhnlicher als diese Tiere,
Die aus den Wellen schnellten wie von Bögen
Die Pfeile jener Wilden, die er nackt
Am andern Ufer fand und *Indios* nannte.
Was las er auf den Helmen seiner Kanoniere,
Stumm nach der Landung? Dieses Unbekannte
War ihm unheimlich wie ein Fisch, der fliegt.

Westindische Insel

Posthumes Erwachen im Hotelzimmer, morgens
Zu ewiger Schwüle beurlaubt,
In einem der künstlichen Paradiese, wo Geld
Was Natur schenkt verwandelt
In schlechten Stil. Viel zu gut paßt das Blau
Der Karibik zum weißen Sand
Dieser Inseln aus reinem Korallenkalk, glitzernd
Im Sonnenaufgang. Die Blüten
Kündigen Scheinfrüchte an, Illusionen. Der Tag
Beginnt mit dem schrillen Gezänk
Der Papageien im Käfig. Wie Scheidungspaare
Proben sie täglich ihr Repertoire
An Vorwürfen, Flüchen. Auch ein Lied ist dabei
Reiner Zwietracht, ein Wiegenlied,
Das die Toten aufweckt. Und schon ist es soweit.

Willkommen im Garten Eden.
Wo der Seewind Schläfen fächelt, die Orchidee
Ihrer Farben nie müde wird,
Überm Hibiskus der Kolibri schwirrt, unterm Fels
Lächelnd erstarrt ist die Echse
Wie zu Adams Zeit. Vom Baum der Erkenntnis
Tropft blauer Likör. Jede Eva
Gehört einem kahlen Touristen, den Sonnenbrand
Von leichter Arbeit befreit hat.
Mittags ist Halbzeit im Nichtstun. Die Körper
Ächzen vom Ausruhn. Instinkte
Ordnen den Strand unterm Imperativ der Savanne –

Dem Argwohn entblößten Fleischs,
Das sich vielgliedrig wälzt. Vorm Grillen geölt,
Quillt es aus Tüchern und Gürteln,
Abkühlung suchend im flachen Wasser. Die Bucht
Ist ein Suppentopf. Obenauf
Schwimmen die fetten Brocken, Glatzen und Bäuche,
Von deren Sorgen, teuer bezahlt,
Zuhause die Zukunft abhängt – einer Getränkemarke,
Einer geschwätzigen Zeitung,
Kauf und Verkauf von Waffen, Spielzeug und Kunst.

Das Meer spuckt sie aus, Sand
Zieht ihre Fußspuren ein, löscht die Erinnerung
An Europas Muttersöhne,
Die zuerst diese Küste verhöhnten, in starrer Rüstung
Das Land verwüsteten, Ritter
Der magischen Habgier. Ihre Windmühlenflügel
Waren Urwald und Brandung.
Den Abschaum aus Königreichen und Vatikanen
Brachen Mangroven. Im Maul
Der Kaimane, im grünen Ofen erstickte der Ruf
Nach dem Gold. Ihre Horden
Verloren sich, mordend, in heimischer Flora
Zuletzt. Vom Fieberwahn blieb
Nachmittags Kopfschmerz, ein leichter Schwindel,
Der vergeht, seit vom Anblick
Des ersten Globus der Mensch sich erholt hat.
Vom Salz auf dem Brillenglas
Flimmern die Liegestühle. Die Ufer, unbefestigt,
Schimmern von weißen Flecken,
Noch einmal *terra incognita* . . . Ein Öltanker droht

Mit dem Teppich am Horizont,
Der eine Linie ist, zitternd von Kartographenhand
Gezogen am spanischen Hof.
Die Palmen rotieren lautlos, riesige Ventilatoren,
Halluziniert von der Hitze,
Der man im Sitzen opfert, im Stehen vergeblich
Zu beichten sucht. Eine Bar
Bringt sowenig Klarheit wie die Erlöserkirche
In den Dörfern Erlösung.

Der höchste Einsatz gilt abends erst. Im Casino
Enden die Tage im Glauben
An eine Kugel, die ausrollt ... das blinde Finale
Der *einen* Zahl unter Zahlen,
Die alles wendet. In faltigen Händen, belauert
Aus Augenwinkeln, am Spieltisch
Gibt sich das Unglück bestechlich, das Sterben
Verzögert, bevor die Nacht
Endlich losläßt mit Rumba und Samba, Calypso
Vom Band. Traurige Tropen.
Nur die Wellen reißen im Schlaf an den Sockeln
Der Insel. Im Hafen liegen
Die Totenschiffe vor Anker. Die weißen Yachten,
Herrenlos in der Dämmerung,
Warten den fünften Akt ab, wenn von Gesängen
Herbeigezogen das Monster
Aus schwarzen Wassern auftaucht im Frühlicht
Eines präkolumbischen Tags.

Grüße aus der Hauptstadt des Vergessens

Täglich weht ein leichter Wind hier durchs Gedächtnis.
    Schleift die Eigenschaften ab, hält das Gewissen rein.
Unbeschwert geht man, gebräunt, durchs Leben. Den Besucher
    Lädt das Lächeln weißer Zähne nicht zum Essen ein,

Nein, zum Vergessen. Und den Strand am Ufer der Phäaken
    Säumen Palmen, grüne Säulenreihn. In hellen Villen
Wohnen Leinwand-Engel, diese Ewigschönen, Immerjungen.
    Jeder Friedhof duftet, im WC die Seife, nach Vanille.

***

Freunde, es ist Winter hier, sprich zwanzig Grad im Schatten.
Fönwind aus den Bergen zaust die Trockenhaube,
Die der Stadt schief aufgestülpt ist als ein gelber Dunst.
Manchmal sieht man bis in fernste Fernen, was den Glauben

An ein Jenseits abkürzt. Ist das Himmelreich erst irdisch,
Kann sich jeder schnell in Luft auflösen. Flüchtig
Streift man durch die eine Jahreszeit in vier Quartalen.
Schon ein Blick zum Horizont macht regenbogensüchtig.

Spätestens im Januar merkt auch der Letzte, farbenblind,
Daß die Bäume immergrün sind hier in Eden. Dreh dich um:
Zeig dich von der besten Seite zwischen all den heißen Rosten.
Du entgehst ihm nicht, dem Leben im Solarium.

***

Nicht beurlaubt bin ich, nicht verbannt ans andre Ufer.
    Was mich herzog, war ein Mythos (einer von den neuen).
Weil hier vieles möglich ist und kaum was wirklich,
    Muß man weniger als in der Alten Welt bereuen.

Freunde macht man hier in fünf Minuten, und kaum länger
    Dauert auch die Gründung einer Bank – sowie ihr Sturz.
Wenn die Erde bebt und ganze Straßenzüge wackeln,
    Scheint das Leben, wie vom Ende her gesehn, sehr kurz.

Schlafen kannst du, wenn es erst vorbei ist. Bis dahin
    Hält dich Ungewißheit wach, der Motor unterm Herzen.
Jährlich Wirbelsturm und Waldbrand hinterm Haus, – da ist
    Beim Friseur die Schießerei noch einer von den Scherzen.

***

Selbst der Sternenhimmel ist hier anders. Zu den neuen Bildern,
Funkelnd zwischen Leier, Schwan und Schütze,
Zählt ein Cabrio in voller Fahrt, verfolgt von einem Saurier.
Über dem *Revolver* kreist, verkehrtherum, die *Mütze.*

Auf den Hügeln strecken Weltraumteleskope ihre Segelohren
Ufo und Komet entgegen. Eher hier als anderswo
Bäckt man für Besucher aus dem All Begrüßungskuchen.
Kinos sind hier Planetarien, und in manchem Bungalow

Steckt ein Flugleitzentrum für die ersten Raumpatrouillen.
Suchscheinwerfer kreuzen ihre Strahlen nachts zu Chiffren.
Schon vom Flugzeug aus scheint diese Stadt ein Text zu sein,
Den nur Leute mit Facettenaugen einst entziffern.

Nicht zum Baden laden diese Strände, wüste Landebahnen.
Beim Spazieren schrickt man auf, wenn da ein Telephon
An der Uferpromenade läutet. Weit und breit kein Mensch …
Durch die Palmenreihen streicht vom Mars ein Celloton.

***

Sechs Sekunden dauert sie genau, die Jetztzeit,
    Zwischen dem, was kommt und dem, was fortan war,
Sagen Ärzte, und es gilt der Hirntest. – Nicht so hier.
    Eher gehn durchs Nadelöhr Kamel *und* Dromedar,

Als daß einer hier zurückblickt, trauernd um sein Gestern.
    »Chronos?« rätseln sie. »Was ist das? Ein Hormon?«
»Eine dieser Pillen? Ein verbotner Pornofilm? Ein Cocktail?«
    In Arkadien weiß man nichts von Noch und Schon.

Und es grenzt an Perversion, wenn jemand sich erinnert
    An den ersten Kuß, erfahrungslos, die Nacht, und dann …
Immer ist es Gegenwart, in der die Glückserfinder blinzeln,
    Gut versichert, weil nie enden kann, was nie begann.

***

Kinofilme sind hier, was woanders Erdöl ist und Silikon.
Aus dem reinen Rohstoff, Zelluloid, wird in den Studios,
Dank des Restlichts aus dem Paradies, was einst ein Atheist,
Vater der Kommune, *Opium des Volkes* nannte, Religion.

Ja, die Filme sind *der* Clou. Aus scheuen Leutchen zaubern sie
Im dunklen Saal Unsterbliche, die als Bekannte
Jeden Traum bevölkern. Enkel, hochbegabt, zerstreute Onkel,
Töchter, schlank wie Modepuppen, scharfe Tanten.

Halbgenie und Schönheitskönigin, von hier bis Ephesos
Kennt man ihre Seitensprünge, Hobbies und die Namen
Von Haustier, Stammlokal und Therapeut, den vollen Speiseplan.
Auch wer nichts von Delphi weiß, schätzt diese Ehedramen.

Im Geschäft Erfolg zu haben, macht bald frech wie Oscar.
Ein Skandal poliert den Ruf. Die höchsten Gagen
Bringt der Druck aufs Zwerchfell und die Tränendrüsen.
Alles ist hier Augentäuschung und Gemütsmassage.

***

Gott, sie machen einen schwach hier, die Korrekten!
    So moralisch kerngesund, daß man vergißt zu schlucken.
Sprüche haben die parat – entwaffnend. Am Buffett,
    Erklärt ein Vegetarier neben dir, aufs Tischtuch spuckend,

Sein Nein zum Fleisch, daß einem Bluthund Tränen kommen.
    Freundlich angefragt, ob man ihm außer Butter
Andre Leckerbissen bieten dürfe, sagt er streng, den Putenbraten
    Verachtend: »Alles, aber nichts aus einer Mutter ...«.

***

Nachts ein Studio. Panoramafenster. Auf der Stelle tretend,
    Sieht man, in den Ohren Stöpsel, Frauen an Metallgeräten,
Die wie Folterwerkzeug aussehn, Streckbank und Garrotte.
    Fitness ist das Zauberwort. Zum eignen Körper beten,

Gilt als Prüfung, die man absolviert nach Plan, voll Inbrunst.
    Jeder ist sein eigner Inquisitor. Herz und Lungen
Werden streng bewacht, daß sie dem Muskelaufbau dienen.
    Was das Hirn macht? Dämmern, sagen böse Zungen.

Ist es, weil hier eine ganze Himmelsrichtung abbricht,
    Daß sie stoisch in Bewegung bleiben auf dem letzten Pier?
Vor sich, was zu keinem Aufbruch mehr verlockt, das Meer.
    Sind sie besser durchtrainiert in Langeweile hier?

***

Froh zu sei, bedarf es hier des Zahnarzts. »Welch ein Lächeln...«.
	Denn sein Glück zu machen ist die erste Bürgerpflicht.
Wer es hat, ist kaum zu bremsen. Den Verlierer hält
	Nichts so sehr bei Laune wie der Glanz der Oberschicht.

Selbstmord gilt als strafbar, ein Delikt. Wer von den Nachbarn
	Angezeigt wird beim Versuch, sich fortzustehlen,
Hat kaum Zeit, bevor ein Ordnungshüter mit gezieltem Schuß
	Ihm zuvorkommt. Alles darf man, nur den Tod nicht, wählen.

Gegens Altern läßt man sich versichern, und den Sterbefall
	Nimmt man gern als Episode und hält tiefgefroren
Einkehr bis zur Auferstehung. Sektenchef und Medienzar
	Schlafen ihren Lebensrausch aus in den Eistresoren.

Schade nur, daß, wie man hört, die Erde vom Bestatten
	All der armen Teufel ganz vergiftet ist. Statt Knochendung
Bleibt bei soviel Konservierungsstoffen von den Leichen
	Nur das Täglichmahl aus Supermärkten in Erinnerung.

***

Wie's mir geht hier in Arkadien, willst du wissen? Prima.
Ich vermisse nichts als meinen Schatten. Hinter Hecken
Spielt er manchmal, zwischen Palmen, ein Versteckspiel.
Bleib ich stehn, verblüfft, tritt eine Parkuhr aus der Deckung.

Wehmut überfällt mich nur, wenn ich an Schwarzbrot denke,
Seine Herbheit und die Kruste wie gefrorne Erde hart.
Daß ein Tag dem andern gleicht, besorgt das Fernsehn,
Dieses Fenster in den Angsttraum Gegenwart.

Seltsam, daß ich nun hierher gehöre. Manches Photo
Zeigt mich schamrot, wie erwischt beim Lotosfressen.
Ist das Sonnenbrand? Mit einem Strohhalm in Passionsfrucht-Pfützen
Schreib ich: »Grüße aus der Hauptstadt des Vergessens«.

»Nicht für Zoologen!«. Fünf Impromptus

I. Von tausend Toden

Immer noch hat der Leguan im Käfig den Angstblick
Aus Saurierzeiten, hinauf ins Geäst,
Wo die Gefahr ihm drohte,

Als es Gefahren noch gab. Plötzlich wittert der Hund
Im dunklen Parkhaus den Beuterest,
Um den er zäh rang als Kojote

Oder als Wolf. Auch dein Herz war furchtsamer einst
In Höhlennächten. Vorm Mammut starb es
Jeden der tausend Tode.

Nur der Zahn weiß noch, welche Härte es braucht,
Krallt im Sterben das Opfer sich fest,
Aufzubrechen die Pfote.

II. Yoni

An eine Katze muß ich denken, eine Katze,
Die nie die meine wurde, nie die meine.
Was wir auch teilten, Zimmer, Früchte, Zeit,
Sie blieb in ihrer Welt, in meiner ich.
Und doch war sie bei mir mit einem Satz.

Fauchend im Schlaf mit mir auf der Matratze,
Um meine Beine streichend, meine Beine,
Wenn ich das Haus verließ – in tausend Posen
War sie im Nahen fern, im Fernen nah.
Vergaß ich sie, war meine Hand zerkratzt.

Die kleine Wohnung war ein römischer Palazzo
(Daß ich nicht weine, Heimliche, nicht weine)
Für ihren Schleichgang. Welcher Schreck,
Wenn ihre mandelförmige Pupille
Den Flur in ihre Tiefen zog durch einen Spalt.

Und nichts verging in diesen Augen, ihren Augen.
Dort lag der eine Orient, der eine,
Der unerreichbar war. Im heißen Samt
Des schwarzen Fells vergrub ich mein Gesicht.
Und wurde alt und wurde jung und wurde alt.

Denn keinen ließ sie, keinen aus den Augen.
Sie, die ganz Muskel war. So scheu wie eine,
Um die nur Riesen sind, und die vom Schreck
Erholt sich gern am Stuhlbein reibt und ableckt
Mit blauer Zunge, die Gespielin eines Khan.

An eine Katze muß ich denken, eine Katze,
An ihr nachts steinerweichendes Gegreine,
Das mich erinnerte: ich war geliebt,
Ich war vergessen worden und zu Recht.
Ihr Gähnen, lautlos, galt ja mir von Anfang an.

III. Sous les Mers

Und in der Tiefsee gibt es Fische, die erstarren,
Wenn sie ein Lichtstrahl trifft, und solche,
Die selber leuchten, spitz wie Dolche.
Und Bronzebeile, Silberbarren

Funkeln am Grund durch Plankton, schwarzen Krill.
Schaufenster locken blinde Schwimmer
Mit transparenter Pracht. Für immer
Steht hier die Zeit der Waren still.

Es sind Korsette, Reißmaschinen, Schluckgeräte,
Urzeitliche sadistische Patente,
Die kein Flaneur an Land je fände,
Bewaffnet bis zur letzten Gräte

Durch die Passagen treibend tief im Ozean.
Aus ihren Mäulern, tückisch fächelnd,
Ragen bizarre Farne. Nirgends Lächeln
In dieser abyssalen Geisterbahn.

Im Philippinengraben, in Atlantikschluchten
Warten sie glotzend auf die Beute
In ihrem ewig trüben Heute
Aus Gründerzeiten, Algenfluchten.

Alles kann Köder sein und jede Täuschung gilt
Unter den ausrangierten Fischmodellen,
Gußeisern säbelzähnigen Gesellen,
Bis ihr Ballonleib schwillt

Beim großen Fressen in den Restlichtzonen.
Sie sind die Muster früher Rüstung,
Vorboten dessen, was an Küsten
Luftatmend landet, um zu Wohnen.

Wie Samurais gepanzert, wie Aztekengötzen
Aus einer Kaste der gorgonisch Schrillen,
Schweben sie schrottreif in lunarer Stille,
Jenseits von Hering, Lachs und Plötze.

Im Grauen abgetaucht ist ihr Kostümtheater,
Aus dem Science Fiction wiederkehrt.
Denn nicht nur aller Dinge seither,
Er ist auch aller Tiere Vater.

In einem Krieg, den jeder bald mit jedem führt,
Sind sie die Ersten. Schroffe Prototypen,
Nach den Medusen und Polypen
Schon Avantgarde, die Formen schürt.

Nemo, auf seinem Logenplatz im U-Boot-Saal,
Der Misanthrop sah sie als Alliierte
Gegen die Gattung, die vertierte
Bei Industrie und Abendmahl.

IV. Wenn die Mikroben drohen

Mit uns müßt ihr rechnen, wenn alles vorbei ist,
Wenn die Eule im Tiefflug schläft und im Staub liegt Athen,
Wenn New York längst entvölkert ist, verteilt auf Museen.
Auf uns könnt ihr bauen *nach* jeder Frist.

Freut euch auf uns, wenn ihr fertig seid,
Wenn die letzten Opernstars stumm von den Bühnen gehn,
Wenn der Regenwald Steppe ist und verschlammt sind die Seen.
Mit uns rechnet besser in Halbwertszeit.

Erwartet uns ruhig im Saharaschnee
Nach der Dreizehnten Sintflut, wenn nurmehr Bunker stehn.
Durch die Vakuumschleusen, ungehört, ungesehn,
Marschieren wir weiter als Geisterarmee.

Wundert euch nicht wenn im rauchenden Eis
Mona Lisa im Tiefkühlfach sich uns hingibt ... die Braut.
Wenn die Farben verblassen und der Nacht vorm Tag graut.
Wir sind die Mehrheit, die alles weiß.

Mit uns müßt ihr rechnen, wenn ihr ausgeträumt seid,
Wenn Saturn erst und Venus entgleist ihre Runden drehn.
Wenn im Teilchenzoo Ordnung herrscht und ihr kennt jedes Gen,
Rechnet mit unserer Wenigkeit.

Vermutet uns überall (auch in Timbuktu).
Wenn es Stau gibt im Fährverkehr Richtung Mond, Linie Zehn.
Wenn ihr gähnend die Krater zählt, Mumien in Neopren.
Denkt dran, wir trüben die Weltraumruh.

Und vergeßt uns nicht in der Neujahrsnacht
Zum dritten Jahrtausend, wenn ihr trauert ... (Um wen?)
Wenn ihr blinzelnd im Laserlicht zurückdenkt ans Erdgeschehn.
Rechnet mit uns, wenn ihr dann noch lacht.

V. Chamäleon im Spiegel

Sie treiben im Meer wie in reinster Gebirgsluft, sie spielen Ballon.
Ihre Fesseln sind giftige Nesseln, darin fängt sich die Beute.
Sie sind transparent, ohne Innres, die bloße Fasson,
Diese hirnlosen Jäger. Da ist kein Organ, das bereute.

Doch nur einer, der eine, täuscht wo er kann mit den Lippen.
Er spuckt, was er Wort nennt und selten hält.

Sie hüllen sich fliehend in schwarze Tinte, sie erstarren zu Stein.
Oder hausen als Pächter in schwerer Rüstung, in Höhlen und Spalten.
Sie lauern gefleckt im getigerten Sand, sie machen sich klein,
Und sind urplötzlich Riesen, die wie Fallschirme Mäuler entfalten.

Doch nur einer verstellt sich vorm Spiegel, allein mit sich selbst.
Er spinnt, von der Gattung beschattet, Intrigen.

Sie wandeln als Blatt zwischen Blättern, sie sind splitternackt
Unter Perlmutt-Dessous. Sie balzen mit schillernden fremden Federn.
Sie fressen den Nachwuchs vor Hunger und nach getanem Akt,
So bizarr, daß die Pornos verblassen samt Lack und Leder.

Doch nur einer, der eine, gefällt sich dabei vor versteckten Augen.
Er schielt nach Erregung, er gibt sich pervers.

Sie kämpfen verbissen um Reste, sofort liegt das Aasstück entbeint.
Sie rupfen an Rosen und zermahlen Atolle zu grauem Schutt.
Sie nehmen jede Gestalt an, wenns sein muß auch die vom Feind.
Und keins weiß, im Freßrausch verstümmelt, von Böse und Gut.

Doch nur einer, der eine, lehrt seine Hand Schrift und Fälschung.
Er macht zum Beruf, lukrativ, seinen kleinen Betrug.

Früh tarnt er den Leib. Er kleidet sich prüfend in sämtliche Fetzen,
Die das Tierreich ihm liefert. Er züchtet zum Abziehn Kadaver.
Dann geht er ins Freie. D. h. in Reviere, die andre vor ihm besetzten,
Und prüft seine Egos im künstlichen Licht, beim Palavern.

Denn er ist dieser eine, den Furcht treibt, daß nichts ihm hier gleicht.
So spielt er Chamäleon und sieht sich changieren, beschämt.

Dabei trägt er doch, dicht beeinander auf klebriger Zunge, Gefühle.
Er jagt sich mit Schauern, und Gänsehaut schmückt sein Bemühn.
Dabei träumt er doch reichlich. Er zieht seine Götter aus feinster Kanüle,
Und verlegt seine Wünsche in die tausend Falten des einen Grün.

Doch dem einen mißlingt, ihm allein, was selbst Einzellern glückt.
Er sitzt auf dem Sprung bis zuletzt, ihn beirrt, was ihn anblickt.
Und er fragt sich, er fragt sich. Warum bin ich nur hier zerstückt?

Uomo finito

(Nach Giacomo Leopardi)

Und immer hatt ich diese öde Hügel lieb
Und diese Heck, die abschnitt meine Blick
Von allerletzte Horizont.
Dahinter,
Stell ich mir vor im Sitzen und im Schaun,
Die Räume, endlos, und das Schweigen
Ganz übermenschlich, und profunde Ruhe,
Wo fast kein bißchen mehr erschrickt
Das Herz. Und hör ich dann, wie Wind
In Gräser rauscht, stell ich Vergleiche an
Von große Schweigen da und Stimme hier:
So ich erinnre mich an Ewigkeit,
An tote Jahreszeit und an lebendige
Wie heut, Geräusche voll. Und so ersäuft
Gedanke mir in maßlos Unermeßliches...
Und Schiffbruch ist auf solche Ozean süß.

Europa nach dem letzten Regen

I

Raumlos, Erinnerung ... und keine Stadt,
An die man sich, heimkehrend, halten kann.
Wo dieser Vorwärtstraum ein Ende hat,
In welchem *Wann*?

Den ersten Fluß verteilt das Wassernetz
In jede Unterkunft. Auf kaltem Heizungsrohr
Stehn rostrot Tropfen bis zuletzt.
Spüllärm im Ohr

Reißt das Verzeichnis früher Straßen fort.
Die man im Schlaf fand, Plätze, garantiert
Vom Laufenlernen ... sind jetzt allerorts
Evakuiert.

II

Dresden ist lange her,
Ein Festsaal gestern, vor der neuen Blöße
Unglaublich, ein Gerücht von Größe,
Ein Nachruf im Bericht des deutschen Heers.

Taghell für eine Nacht,
Ist das dieselbe Stadt im Tal, dieselbe
(Im Anflug ein Las Vegas an der Elbe)
Wie der Pilot sie sah in Phosphorpracht?

Längst war sie todgeweiht,
Bewohnt noch, schon vergessen von den letzten
Flüchtigen Mietern, die Erynnien hetzten
Aus der urbanen in die Aschenzeit.

III

Denn das Wort kommt zu spät, das sie ruft,
Die am Stadtrand begrabene Stadt.
Wo ein Müllberg sich breit macht, der lokale Vesuv
Schwarzen Rauch ausstößt überm Kiefernwald, hat
Längst die Erde ihn wieder, den Namen, und nichts
Unterscheidet das Nest noch von anderen Nestern,
Die auf Asche gebaut sind, auf soliden Verzicht.

Unter Schuttbergen sinkt, unter Null, alles Gestern
Aus Terrassen und Kuppeln, barocker Bau.
Wie ein Uhrglas von innen beschlägt und wird matt,
Liegt verregnet im Tal unter grauem Tau
Zwischen Himmel und Grundriß der Rest von Stadt.
Und lebt weiter im Flüstern, in Gerüchten aus Stein,
Die vom Fürstenzug handeln. Italienische Luft
Heißt hier *Smog um Pompeji* oder *Nördlichster Wein*.
Doch das Wort kommt zu spät, das sie ruft.

IV

Täglich vom Starren auf den Fluß (nach Jahren)
Tränten die Augen uns. Willkommen, Elbe.
In dieser trägen, gelblich braunen Brühe
Ist meine Mutter noch als Kind geschwommen.
Da lag kein Ölglanz auf dem Haar. Dasselbe
Gemeine Licht brach durch die Nachkriegsfrühe.
Das Stadtbild hatte etwas abgenommen,
Am Ufer hockten Angler noch in Scharen,
Und durch das Elbtal ging kaum Schiffsverkehr.
Ein Fluß, was ist das, wenn die Stadt versinkt
Vor seinen Wellen, die den Großbrand spiegeln.
Ein trüber Himmel, der mit toten Fischen blinkt,
Ein Notausgang, die Tür mit sieben Siegeln, –
Reklame für das nächste offne Meer?

V

Und nachts die stille deutsche Stadt,
In die man einfuhr mit dem Zug vom Norden,
Setzte mit jeder Straßenlampe neue Fragezeichen

Und hinter jeden Satz den Punkt, – mit wieviel Watt?
»Was ist aus Xanadu nach Kublai Khan geworden?«
»Wer sind die Leute, die dort mausgrau schleichen?«

Islamabad im Elbtal ... Eine Phantasie-Moschee
Erhob sich dort und rief die Hörigen zum Fasten,
Vom Schlachthoftürmchen bis zum Großen Garten.

Doch schon am Bahnhof hörte man das erste »*Nee.*«
Und sah Giraffenhälse, lange Flutlichtmasten,
Die leicht geneigt sich um ein Fußballstadion scharten.

Das Blaue Wunder hieß flußaufwärts eine Brücke,
Die einem nichts erklärte. Immerhin, sie stand
Gußeisern, nützlich in der Nachkriegsdschungelstadt.

An den entblößten Ufern, braun in Einzelstücken,
Stieß man auf wuchtigen Barock. Wer wollte, fand
Im kalten Mondlicht hier sein Angkor Vat.

VI

Meiner Großmutter Dora W.

Und als der erste Angriff kam, sie lag
Im Krankenhaus mit Scharlach. Der Alarm
Riß viele aus dem Schlaf. Vom Glutwind warm
War draußen Winter, und die Nacht war Tag.

Gespenster, die im weißen Nachthemd spuken,
Rannten sie barfuß an die Elbewiesen.
... – Panik, ein Luftstrom aus den Feuerluken,
Bevor aus allen Wolken die Posaunen bliesen.

Und als der zweite Angriff kam, verschwand
Die Stadt im Stummfilm, und kein Schatten fiel
Als sie verbrannte durch die Flammenwand,
Den einen Falle und den andern Ziel.

Aus einer Nacht im Zwanzigsten Jahrhundert
Flogen Maschinen eine zweite Steinzeit an.
In manchem Kellergrab, ein Höhlenwunder,
Fand man verbacken Kind und Frau und Mann.

Und als der dritte Angriff kam, sie ging
Gefaßt im Flüchtlingszug, auf schwachen Beinen
In eine Nachwelt ein. Da war kein Weinen,
Das auf den Trümmern noch verfing.

VII

Ach, Hiroshima war nur zweite Wahl.
Premiere haben sollte sie (sagt man) in Dresden,
Die Bombe, die heut jedes Schulkind malt –

Der Riesenpilz, die weltberühmte Abschiedsgeste
Der alten Opernhimmel. Wieviel schöner
Wäre der strahlende Bovist hier aufgeblüht

Über der sandsteinhellen Residenz als Krönung
Barocker Baukunst. Aufs Gemüt
Schlägt die Vision, wie stilvoll *hier* die legendäre
Finale Wolke aufgegangen wäre.

VIII

Zerrissen ist das Blatt vorm Mund. Geschichte, –
Geht mir der Staubwind wirklich nah,
Der alles auslöscht? Und daß man verzichte
Im Namen dessen was geschah

Auf den Vermeer (verbrannt), den Bach (verschollen),
War es das wert? Daß ganze Städte,
Aus denen Züge zur Vernichtung rollten,
Brachflächen wurden an den Ufern Lethes.

Gepflügt wird hier mit Bomben, und kein Bauer
Kennt sich mehr aus. Der Löwenzahn
Nimmt den Figuren auf dem Fries die Dauer.
Was geht Zerstörung, oben, einen Maulwurf an?

IX

Dresden, die Restestadt ... ein Hinterhalt
Für Engel, die der Krieg hier internierte
Vorm Rückflug. Unter Sandstein und Basalt
Sind sie begraben worden. Zirkustiere

Waren die letzten, die sie fliehen sahn ins Feuer.
Ein Pferd, das rechnen konnte, und der Tiger,
Den William Blake rief. Keins ein Ungeheuer,
Verglichen mit den smarten Jungs, den Fliegern,

Die sich im Tiefflug Mensch und Bestie holten.
Ihr Kunststück brauchte kein Trapez, kein Netz
Hoch über der Manege. Die verkohlten
Apostel auf den Dächern stehn entsetzt.

X

»Nach einer Sekunde schon war sie
stundenlang fort.«
Proust / Unterwegs zu Swann

Stadt im Flockenwirbel vor beschlagner Brille –
Bei der ersten Heimkehr ging sie unbemerkt verloren.
Nur in Weihnachtsliedern gab es solche Stille
Wie in dieser Nacht am Bahnhofsplatz. Mit roten Ohren
Stand ein Milchgesicht im Schnee, und das warst du,
Dank des Urlaubsscheins auf freiem Fuß. Die Uniform
Ließ nur kleine Sprünge zu. Doch für ein Känguruh
War bei Minusgraden die Geduld enorm.

Keiner kam, dich abzuholen. In der eignen Stadt
War man endlich fremd. Das Leben hinter den Gardinen,
Die Burleske, bis der letzte sagt, *Jetzt bin ich satt . . .*,
Sah vom Stehplatz aus wie große Pantomime.
Niemals wieder hätte man soviel gegeben,
Wenn die Schöne in der Straßenbahn, befehlsgewohnt,
Nur gelächelt hätte. Sah man doch, Familienleben
Ging auch weiter ohne den verlornen Sohn.

XI

Im Ernst, Max, von so einer Stadt
Träumt man leicht, bis man schwarz wird.
Auch ohne Tränen sieht man die Farben zerfließen.

Über dem grausam zerschlissnen Brokat
Benimmt selbst der Himmel sich kindisch.
Doch was soll's, in die neuen wetterfesten Markisen

Sind Geschichten kaum noch gewebt.
Nur die schwarzgelben Wappen schlagen
Überall durch den Stoff, als sei gar nichts geschehn.

Soll man, wenn dort ein Zeppelin schwebt,
Melancholisch werden beim Anblick der Elbe?
Niemand, nach hundert Jahren, ließe sich soweit gehn.

August-Oktober 1996

Transpolonaise

»Maikäfer, flieg.«

1

Mondfern am Horizont kriecht ein Reisezug Richtung Osten.
Durch die Abteile, zwischen Schachbrett und Samowar, wachsen Schatten
Aus den Sümpfen, den Mündern. Stille, ein schwerbeschädigtes Wort,
Senkt als Schwarm russischer Krähen sich über die Seenplatten.

Am Waldrand in Reih und Glied warten Birken auf ihre Erschießung.
Bahngleise, galgengeschmückt, lassen den Tod der Dampflok vergessen.
Ganze Dörfer haben jetzt neue Bewohner, und manche staubige Stadt
Führt nur im Friedhofsregister noch die Familien der Alteingesessnen.

2

Doch ist das Mißtraun zuhause. Hier trieben Heere Keile in fremdes Land,
Und Pferde flennten beim Anblick des Stahlwerks auf Ketten,
Das von zwei Seiten hereinbrach, die Walze, die jeden Grenzpfahl knickte.
Nur Chopin spielt noch immer in Wagners Brandung, vor der zu retten

Tschaikowski sich anbot. Am Bahnhof Platzmusik, und die Lautsprecher
Knacken wie damals, als Propaganda hier warb mit Paraden. *Rhabarber*
War als Laut so vertraut wie dem Schläfer im Liegewagen das Hämmern,
Das ihn einlullt auf Schwellen. Im Traum hört er wieder Barbaren.

3

Unter den Schienen vor poltern Stiefel, Zischlaute stieben ins Dunkel.
Zum Unterstand wird im Notlicht der Zug. Dort bespricht man die Lage.
Mäntel umschwärmen den Kartentisch. Aus der Luft voller Schwaden
Greifen Sieger den Angriffsplan, keiner ein Bonaparte hinterm Kragen.

»Hier steht die 5te. Die 3te marschiert. Und die Flügel spielen Ballett.«
»Umfaßt sie von Süden!« »Mit Raketenwerfern das Feuer schüren!«
»Melde gehorsamst, Korridor dicht.« »Vor die letzte Bucht einen Riegel.«
»Genosse Marschall, Divisionen bereit zur Schwanensee-Ouvertüre«.

Was den einen Ostfront, war den andern ein Truppenausflug nach Westen.
Volk oder Raum, längst egal, dem eigenen Arsch galt die letzte Sorge.
Die zum Fürchten auszog im Sommer, Barbarossas Bande, im Winter
Hatte der Jammer sie eingeholt, und das Heulen der Stalinorgeln.

4

Sein schwarzes Wunder erlebt, über den Puffern, wer in eine der Schleusen
Gerät beim Durchwandern des Zuges. Kilometerlang ist er verloren.
Hinter ihm schließt sich die Tür, vor ihm klemmt sie, er steht im Käfig.
Arktische Kaltluft umströmt die Stirn, Blitzkrieg dröhnt in den Ohren.

Wenn er die Augen schließt, sieht er Granaten aufblühn und querfeldein
Die Kolonnen der Panzer, die den Boden auffressen wie Raupen das Blatt.
Kein Hurra schält sich mehr aus dem Lärm. In das höllische Scheppern
Der Plattform mischt sich das Schaudern über alles, was hier geendet hat.

Schornsteine, erspäht durch die Ritzen der Blasebalg spielenden Kammer,
Traktieren den Magen. Sie quälen die Luft mit Erinnerungen an Qualm,
Der hier aufstieg von anderen Rosten. Kein Schotter dämpft diese Stöße,
Das Prasseln des schlimmsten Brands seit den Tagen des Schachtelhalms.

Bis der Körper zittert, sosehr, daß Metall und Gebein unisono singen
Wie die Drähte, die ihn nach Moskau bringen, der Elektromotor der Lok.
Mehr als anderswo quält sie hier, die Sorge des Eingeschlossenen, niemals
Befreit zu werden, die Drohung: noch steht er, bruchlos, Roms östlicher Block

5

Unheimlich auch dies, im Stoppelfeld draußen glänzt auf Hügeln das Fell
Des geduldigen Maulwurfs, schwarz wie die Uniformen der Helfer,
Die beim Schlachten für Ordnung sorgten. Neben Hausrest und Aschehaufe
Warnt vor Tollwut ein Schild. Ein Hund stört die Ruhe mit krankem Gebelfe

Und kein Geist streicht mehr suchend um gewisse, gut verborgene Gruber
Wo durchs Zeiss-Glas beäugt, bärtiges Freiwild zum Sammelplatz rennt,
Von Amateuren gefilmt. Unkraut deckt, die vornübersackten vom Wall.
Ohne Widerhall blieb der Raum, der die meisten Verbrechen schon kennt.

Auch der Unbekannte Soldat, Liebling des Lehms, macht nicht mehr Meldun
Vor dem Unterstand Nacht. Denn den Knochen im Acker sieht man nicht an
Nach so vielen Regen, von welcher Truppe der Mann. Hinterm Rücken
Des Zöllners, Beute der Kriegsarchive, erscheint sekundenlang ein Ulan.

Dann ist auch diese Erscheinung vorbei. Todmüde im Nachbarabteil
Läßt ein schreiender Säugling nichts übrig als stumpfe Gegenwart,
In der es kein Wiegenlied gibt, keinen Trost. Über schmierige Polster
Hilft nur Schnarchen hinweg, die Zählung der Wolkenschafe bei voller Fahrt.

6

Verspätet, vom Großen Bären behext, der Expreß hält auf offener Strecke.
Längs der Böschung Gemurmel, – jedes zweite Wort klingt wie »Nietzsche ...«
War es hier, wo der *Schleichweg ins Chaos* begann, der im Westen versandet?
An der Grenze zum neuen Reich weckt den Träumer ein Quietschen.

Weiter wird jetzt das Gleis. In den größeren Raum führt die breitere Spur.
Die eben noch folgten als Weiden und Felder mit strohblonden Strähnen
Ziehn sich zurück, Landmassen. Unterm Gras spielen Erdklumpen, Muskeln.
Wandernde Mammutherden, heben sich, von der Eiszeit vertrieben, Moränen

Selbst die Flora wird zottig, im Dickicht der Wald ein gefräßiges Pelztier.
Hier geht das Wisent um, und Prszewalskis Urpferd ist Zaum und Zügel los.
Zwischen den Stämmen, zu mächtigen Biberburgen, türmt sich Geweih.
Oder sind es nur Äste, und was aussieht wie Bast, ist zerrauftes Moos?

Auf ihn war Verlaß gewesen, den Wald, der Verfolgten Unterschlupf bot
Und den Verfolgern zur Falle wurde, den Fließbandfritzen, fremd im Revier.
Nur die Flüsse, neutral wie immer, trugen gefaßter als jede Brücke Pontons,
Auf denen sie übersetzten, laut fluchend, Romantiker, motorisiert.

7

Dann kommen die Ebenen, dehnbar. Und es verlieren sich die Begriffe,
Die von Jena bis Königsberg galten, die bögenreichen, die Aquädukte.
Ein paar Schluck Wodka, und hinterm Schlußlicht bröckelt die Transzendenz
Man steht auf und schwankt, setzt sich und liest nurmehr das Großgedruckte.

Bald sind die Blicke Schwimmer. Sternbilder, die kein Stück weiterrücken,
Haben sich stumm zu Bewachern formiert, dienstbeflissne Tschekisten.
Nichts was da unten geschieht, entgeht ihrer eisigen Suprematie.
Was immer im Paß steht, läuft ab. Demnächst sind wir die Vermißten.

Kleine astrale Nester, es könnten Sternschnuppen sein, dort schießt man
Blinzelnd auf jeden, dem Wünsche Reserven sind bei diesem Leben im Heer.
Doch war das Schießen nicht aus, das kalte Mündungsfeuer von gestern?
Entsichert steht auf dem Klapptisch die Flasche, nach einer Stunde fast leer.

Keiner öffnet die Fenster. Nur der Wind, wie durch Schlitze im Zelt, streicht
Um verschlafene Stirnen, unbekümmert um die Odysseen der Opas.
Nichts vom Aberglauben mehr, keine Brandspur: was von Signalen blitzt,
Der Reflex in den Brillengläsern, spiegelt die Schienennetze Europas.

Vielleicht ist es wieder September. Ein frischer Weltkriegstag macht sich
Über wehrlose Landschaften her, und der Morgen beginnt hier aschfahl.
Speiübel ist ihm von Hochöfen, Geisterstädten und chronischer Schinderei.
Doch die sibirischen Träume, man weiß es, enden hinterm Ural.

Berliner Runde

Für Christian Döring

I
Tauentzienstraße)

Ach, kein Liedchen wirbelt mehr durch diese Straße.
Und der Fahrtwind, der vorbeischaut, flirtet mit den Kanten
Dekorierter Stahlvitrinen, drei vier Stockwerk hoch und voller Waren.
Die hier leben, eilig und in kleinen Raten, sind Passanten.

Kehrmaschinen sorgen nachts für reibungslose Flächen.
Überm Glanz von Eislaufbahnen streuen Leuchtreklamen
Wie Gerüchte Namen aus, von denen es im Telephonbuch wimmelt.
Früh im Schlußverkauf gibt man die letzten bürgerlichen Dramen.

Eine Kirche steht hier, die erinnert streng an Bunker,
Seit ihr Turm, ein abgebrochner Flaschenhals, plombiert ist
Mit demselben Baustoff der im Parkhaus höllisch von Motoren dröhnt.
Taucht ein Lächeln aus dem U-Bahn-Schacht, stößt es auf Maniriertes.

Stecken Zähne im Asphalt, sind sie von Fahrradboten,
Die beim Slalom stürzten oder Fensterputzern, vom Gerüst gefallen.
Grün der Mittelstreifen wird zum Sprungtuch. Durch den Stoßverkehr
Blitzt ein Glücksrad für die einen, wo die andern Bußgeld zahlen.

Wieviel Krimskrams trägt man in den Taschen
Mit sich fort von hier, und wieviel bleibt an Ort und Stelle
Für die junge Archäologin, die im Schutt der legendären Städte kniet,
In der Hand den weichen Pinsel, dieses Echo jeder Maurerkelle.

II
Anhalter Bahnhof)

Hier haben die Panzer gewendet,
Und Machorkarauch stieg aus dem plumpen Turm.
Wo kein Gleis mehr, kein Reichsbahnzug endet,
Legte sich der *Mongolensturm.*
Griechenland Expreß. Abfahrt der Schönen und Reichen
In verhängten Coupés, südwärts, in Polster gelehnt.
Ein Russe stand an der letzten der Weichen
Und sammelte Uhren ein, Goldschmuck, den Siegeszehnt.
An den Kreuzungen las man kyrillisch. Den Weg
Durch die Trümmeralleen zeigten Dachbalken an.
Den Roten Stern zu belächeln, kein Sakrileg
Wäre schlimmer gewesen. Verworfen der Plan,
Berlin, das Räubernest, zu schleifen wie Karthago,
Im Staub von Brandenburg ein Großstadtschatten.
Doch Gulasch dämpfte bald, Kosakentanz das Largo,
Wenn auch Frau Krause nichts zu lachen hatte.

III
Am Friedrichshain)

Nein, von Begrüßung konnte keine Rede sein,
Sieht man die Einschußlöcher Haus für Haus.
Es waren Trommelfeuer, keine Salven
Damals am Friedrichshain.

Und vom Verbrüdern war das alles weit entfernt.
Wer im MG-Nest saß, der schoß heraus.
Kann sein, im Park die Hunde und die Malven
Haben dazugelernt.

Die weißen Fahnen zog ein strenger Winter ein.
Verbandszeug brauchte man und Bettuch auch.
Daß in den Kellern keine Bitten halfen,
Ahnt man am Friedrichshain.

IV
Potsdamer Platz)

Um und um wird die Erde gewühlt für die Hauptstadt *in spe.*
Der nächtlichen Menschenleere gehn Raupen vorweg.
Germania im Bunker, auf preußischem Kanapee,
Von Baggern im Schlaf gestört, wälzt die Hüften im Dreck.

Downtown Berlin hilft der Diva den Gürtel zu lösen.
Und schmachtend macht sie, Walküre, die Schenkel breit.
Das Gehirn, in den hellsten Momenten, den bitterbösen,
Wittert etwas, das nach Zerstörung schreit.

V
Epilog)

Was geschieht hier, fragt man, und erkennt nichts wieder,
Schultern eingezogen unter Kränen. War man nicht ein Riese,
Dem die Stadt gehorchte? Plätze schrumpften auf ihr Spielzeugmaß,
Stieg man aus der Erde. *Ein* »Hatschi!« riß ganze Wohnblocks nieder.

Eben war da noch ein Brachfeld, Sand und etwas abgebrannte Wiese,
Die im Stadtplan fehlten. Daß dort Goyas Koloß saß,
Wartend auf die Wiederkehr der Steppe, glaubt dir keiner mehr.
Einmal eingenickt, und alles hinterrücks war parallel versetzt.

Aus dem preußisch blauen Nachmittag in vier Sektoren, zwei Versionen,
War die Stunde grauen Dunsts geworden, wenn im Kreisverkehr
Hinz und Kunz sich überholen. Zappelnd hängt im Straßennetz
Bald die Hälfte der Bevölkerung. Ihr Motto »*Schneller Wohnen!*«

Zeigt den Alten, wo es langgeht. Bis auf Grazie, gibts hier vielzuvieles,
Das den Eilschritt nahelegt, den Tunnelblick. Genügt nicht ein Magnet,
Zum Türeöffnen, seit Apartments als Zementbrei aus den Mischern quellen?
Einestags entdeckt man, hoch an Glasfassaden festgeschraubt, Reptile,

Die neutralen Augs den Kehraus überwachen. – Daß ihm nichts entgeht.
Nur Gewohnheit, dieser Arbeitslose, kehrt zurück an taube Stellen.

Veneziana

(Ponte dell' anatomia)

I

Wir suchten eine Fluchtburg, und ... Venedig
Hieß das Portal durch das ich eintrat, und dein Brustbein
War die Gewölbedecke unter der die Wolken zogen,
Gespiegelt von Lagunen. Dreifach ledig,
Die Stadt und du und ich, wir wußten es, es muß Schluß sein
Mit allem Schlaf, in den die Hypnagogen,
Geschichte, Stamm, Geburtsland uns geschaukelt hatten.
War nicht die Inselgruppe eine Wiege
Für welterobernde Begierden? Halb Byzanz
Gehörte einmal dieser Seemacht, die im Grund durch Ratten
Gefährdet war und mehr als Glaubenskriege
Die Fäulnis fürchten mußte. Eleganz

War ihre Scheinfrucht, die sie den Verliebten zeigte.
Und so Verliebte waren wir, daß ihre Kais und Campaniles
Uns schneller atmen ließen. Gleich geblendet
Von Grazie und Gestank, verloren wir uns im verzweigten
System der Gassen, und erkannten uns. Es gab so vieles,
Wo alles anfing, hier, am kapitalen Ende.

(Magistrate alle Aque)

II

Ein Traum auf Schlamm und Schlick gebaut – wie hält das stand
Dem Andrang großer Fluten, langer Fieber? Marodeure,
Selbst tausendarmig, rafften niemals soviel wie das Meer,
Das hier an Eichenstumpen kaut. Wenn vor der brand-
Geschwärzten Oper Wellen schwappen und in Kirchenchören
Die Schimmelflecken menetekeln; wenn im Hin und Her
Der Gondeln, Lastenkähne, *vaporetti*, auf dem Fluß verstreut,
Zerbrechlichstes befördert wird, – Computer oder Damenschuhe;
Wenn man statt Schilf Palazzosäulen sieht, statt Uferbinsen
Rotweiße Pfähle und ein Postboot, leer, daran vertäut;
Wenn auf der Piazza plötzlich wie am Grund der Wundertruhen
Silberne Pfützen stehn, aus denen Goldfischaugen linsen;
Wenn jedes *callgirl* anderntags, das Haar naß, rein von Schande
Gewaschen über Brücken schmal wie Brauenbögen schwebt,
In einer *scuola* noch im feuchten Firnis badend als Susanna;
Wenn jeder Bummel hier zum Landgang wird und *Canal Grande*,
Ein langgestrecktes S, die Stadt hydraulisch senkt und hebt
Bis alle Gassen gurgeln; wenn es schüttet wie aus Kannen
Bei Sintflut oder Wolkenbruch ... dann ist es Wasser, das
Die Stadt umarmt und mit der Schönen spielt und ihr statt Kindern
Geschichten macht und Szenen. Immer ist hier Taufe,
Und von den Scheiteln rinnt es, von den Kuppeln. Tränennaß
Bezeugt man hinter Sonnenbrillen, die den Schrecken lindern,
An den uns Schönheit weiterreicht (»Vom Regen in die Traufe ...«)
Täglich die Hochzeit mit dem Meer.
Was ist dir lieber –
Die Langsamkeit, das Gleiten durch grandiose Furten?

Daß alles wiederkehrt gespiegelt, aufgelöst in Licht und Wasser?
Oder der Trotz, mit dem sie leben in der Republik der Biber,
In schiefen Häusern und auf hartem Rücken? Niemals murrten,
Die hier mit Amphitrite tanzten, auf Barkassen
Klug zwischen Großbrand, Überschwemmung, Krieg lavierten
Und stille Gärten pflegten, Mosaike legten und in hohen Sälen satt,
In Gold und Scharlach schwelgten. Wasser nimmt
Den Jahreszehnt, die Summen, die dem Fiskus nie gebührten,
Was Zeit sich vorbehält. Und siehe da, die Stadt,
Bedroht vom Wellenschlag, noch lebt sie munter, schwimmt.

(Escrementi Serenissime)

III

Zweimal am Tag steigt hier die Brühe. Dümpelnd treibt,
Was nach geplatztem Fallrohr aussieht und die Nase
Ein wenig höher heben läßt. Obstschalen, Plastikflaschen, Windeln
Erobern die Lagunen, wie ein *Und* sich in die Zeilen schreibt
Nach jedem Seufzer vor Fassaden. Dicht wie Efeu, strenge Gase
Um Mauern lassen Staunende vor Meisterwerken schwindeln.
Die schönsten Nebenarme stinken, wenn der Wind sich dreht,
Als seien Tizian, Veronese, Tintoretto Marken
Berühmter Körperdüfte, die von Pest und Sodomie erzählen.
Auch Atheisten nimmt die Fäulnis ins Gebet
Und Liebende verstummen vor barocken Totenbarken
Mit ihren schwarzen Planen, aufgebläht. Den leeren Magen quälen
Beim Fischmarkt Köpfe, die ein Hieb vom Nixenkörper trennte,
Obszöne Nougathäufchen in den Bäckereien, rachenrote
Schweinshälften und Gehacktes, heimgesucht von Fliegen,
Die Aretino schon um Reim und Beischlaf brachten. Zur *polenta*
Wird im Laternenlicht, woran ein Schluckspecht zu ersticken drohte.
Harn macht Salinen aus verschwiegnen Ecken, und verschwiegen

Ist vieles hier. Auch Dreck kommt flugs auf Taubenfüßen.
Gurrend am Markusplatz, versammeln sich die Stukkateure
Zum Lohnempfang für das Verzieren der Portale und Emporen
Vor Kameras. Franziskus grüßt... Denn niemand soll hier büßen,
Wo selbst der Kehricht photogen ist und die schmalzigsten Tenöre
Im Babyspeck herunterlächeln von Plakaten. Wie verloren
Führt aus feuchtkaltem Korridor direkt ins Wasser manche Tür,
Vor der am Pfosten eine Gondel schaukelt. Spülschaum klebt

Am Sockel gotischer Paläste, schwefelgelb, in Flocken,
Und an den Kais, dem Laufsteg für die Haute Couture,
In den Fäkalienfarben der Saison. Bronzierte Leiber, abgelebt,
Bewegen sich im Gänsemarsch durch enge Gassen. Oben trocknen
Die Strümpfe aufgeklärter Nymphen, die in Milchbars hausen,
In Toilettenspiegeln. Dank der flinken Zungen

Herrscht selten Stillstand. Wie die Hand leicht abrutscht an Melonen,
Irrt der Touristenblick durch dieses Mekka für Banausen.
Stoff reißt und Knochen brechen unterm Beil des Metzgerjungen.
Doch Marmor konserviert die Adernkrämpfe, Kongestionen
Der ortsansässigen Familien, und kein Müll der Welt
Verdirbt, was noch das kleinste Fenster einrahmt: die Veduten.
In schwarzen Säcken wird er fortgebracht. Früh von den Gitterkarren
Sammeln die Motorboote ein, was von den Festen abfällt
Entlang der Flüßchen, dem Zwölffingerdarm. Im Ebben, Fluten
Entleert die Stadt sich und saugt neue Gäste an und frische Waren
Für Trattorien, Tinneläden. Venedigs schöner Alltag aus Verlusten
Keucht unter herrisch grauen Himmeln. Besenrein
Glänzt jeder Kirchenvorplatz, und manche Ecke wird zur Sakristei,
In der Kondome glitzern, Scherben. Mit dem Raucherhusten
Des jüngsten Casanova nachts sickert ein Traumbild ins Gestein.
Doch schon in Mestre drüben ist die Herrlichkeit vorbei.

IV

*

Ungesund scheint die Stadt, nichts für Gichtige und die schlichten
Gemüter, die zum Schnappschuß kommen und gerädert gehn,
Weil hier kein Auto fährt. Am besten gibt man sich *andante*
Dem leichten Schwindel hin vor soviel Baukunst, nie gelichtet
Von Bomben und Beton.
                                        Dem schiefen Turm in Pisa stehn
Hier ganze Galerien schief entgegen. Steinerne Verwandte
Der Krustentiere halten sie im Schulterschluß zusammen,
Seit die Lagune sinkt, die Fundamente vor dem Flußkrebs knien.
Wo gibt es das noch, eine Stadt, die bis zum Bahnhof Altstadt ist,
Sooft bedroht, ein Sterbeort, verdammt, ein Raub der Flammen,
Das eleganteste Piratennest. Und alle Welt hat ihm verziehn
Und feiert Festivals und staunt vor Logen, die das Meersalz frißt.

**

Adria heißt der Grund, auf dem das alles hier steht,
Oder fällt, je nachdem, wie der Kopf geneigt ist, der Rezensent.
Sie orakeln im Glockenklang, an der Reling hört man sie tuscheln
Hinterm Rücken des Reiseführers, jeder ein ungefragter Prophet.
»*Venedig wird sterben. Es fault und versinkt*...«. Mancher flennt
Einen Rundgang lang, sammelt Abschiedsblicke, glasierte Muscheln,
Die in den Taschen zerbröseln.
Von der Arbeit am Meer
Ist nichts mehr zu sehn, seit die Werften leerstehn, die Warenlager.
Selbst die fliehenden Wolken machen sich mit den Horden gemein.
Und der Löwe zeigt, wie porös das Pompöse ist. Marmorschwer
Hält er mit Zahnschmerz das Buch auf, erschöpft, ein Versager
Vor Palladios Säulen, alpweiß, den Quadern aus istrischem Stein.

***

Nur Eidechsen sieht man hier nicht. In den stattlichen Ritzen
Ist für manches Wappentier Platz. Doch leckt einsam seit langem
Georgs Drache am Spieß mit der flatternden Zunge die Dächer.
Passé wie das Einhorn sind Dogen, die unterm Baldachin sitzen,
Und im Kanal wird kein Ölfleck getrübt, wenn die Ruderstangen
Einen der Ringe streifen am Grund.
In den feuchten Gemächern
Malt die neuen Fresken der Schwamm, ein Erbe der frühen Meister,
Hier das Christkind mit Pocken, dort die strahlenkranke Madonna.
Der Flaneur fährt am besten im Rollstuhl, er stellt sich auf Krücken
Den Katzen, die jedes Mauerloch kennen, schon zu Lebzeiten Geister.
Und dieses Sterben, das Todkranke herlockt, wann hat das begonnen?
Was war zuerst da? Die Kanäle, in Klammern gesetzt, die Brücken?

(Camera degli sposi)

V

*

Und dann das Warten im Hotel, bereit zur nächtlichen Passage...
Alles wird abgelegt, die Uhr, das letzte Hemd. Zwei neue Büßer
Rudern der Endlichkeit entgegen, nackt, zurückgelehnt.
O sole mio trägt ein Gondoliere falsch zu uns auf die Etage,
Und diesmal stimmt es wohl. Es paßt zu den vertauschten Füßen,
Die hier im Trocknen mit der Strömung ringen. Ein Jahrzehnt
Mag jetzt vorbeiziehn, – uns bliebe es gestohlen.
Giorgiones Alte, die in schlechtem Farbdruck von der Wand
Aufs Bett herabsieht, warnt vergeblich vor dem Fluß der Zeiten.
Venedig draußen zeigt, wie man auf morschen Bohlen
Luftspiegelnd überdauert, trotz der Runzeln, fern vom Land
Und doch *col tempo* mit den immer fluchtbereiten
Gedanken, die den eignen brüchigen Kadaver überspringen.
Denn nichts verliert sich wirklich, nicht die kleinsten Blasen
Im Sprudelwasser, nicht die Sepiaschatten in den Zimmertiefen,
Solange Blicke irren, Körper straucheln zwischen all den Dingen.
War es nicht tröstlich, daß wir morgens von Bankrotten lasen,
Daß uns die Koffer, halbgeöffnet, zur Cà d'Oro riefen?

**

Denn dort, lanciert für zwei wie uns, hing hinter gotischen Kulissen
Zur Überraschung ein Relief. Wenn nicht im Marmor inhaftiert,
Mit offnen Mündern dieses junge Paar, es hätte staunen müssen,
Uns so erstaunt zu sehn. Warum? Nur weil da ungeniert
Ein edles Fräulein seine Brüste zeigte? Weil die zwei galant
Ein Halbjahrtausend in den Ausdruck eines letzten Zögerns faßten,
Bevor sie schlafengingen, Mann und Frau? An die Museumswand
Gefesselt, hielten sie den Atem an, wie nacheinander tastend.
Doch ohne Finger, denn die Arme fehlten. Nur ihr Blick
Kam uns bekannt vor wie die Heimlichkeit von Juvenalis' Schülern,
Die es sich gegenseitig machten unterm Pult. Bestand ihr Trick
Nicht darin, jedes Augenflimmern zu vermeiden? Solche Kühle
Ging vom frivolen Brustbild dieser beiden aus, daß uns die Stadt
Unheimlich wurde. Für Momente glich der luxuriöse Ort,
An dem einst glückliche Patrizier balzten, einem leeren Hallenbad.
Und flüsternd, erstmals, wünschten wir uns von hier fort.

(La donna è mobile)

VI

*

Alles, nur eins nicht, ist Wasser, und was dieses *Nur*
An Reserven birgt, zeigt uns die Stadt auf dem härtesten Rücken,
Die das Unmögliche möglich macht: Leben inmitten der Fluten.
Wo sonst blicken Stadtbewohner sooft aufs Wasser wie auf die Uhr?
Dieses umgekehrte Vineta stemmt sich auf hunderte Brücken.
Doch seine Bürger sind lebenslang Passagiere – Ruderer und Kanuten,
Trockenen Fußes, versteht sich.
Wer will, kann in flaschengrünen
Strudeln und Wirbeln den Grundriß erkennen dort unten, die Härten
Der Geburt aus dem Schlamm. Wie auf Reede, an Land gezogen,
Sind die Kirchen hier wirkliche Schiffe, keine Wracks in den Dünen.
An den Pfählen am Kai wächst das Seegras zu braunen Prophetenbärten,
Legt das Meer die antiken Entwürfe aus für die Säulen und Togen.

**

Herzmuskelfleisch ist das Wasser hier, fest im Griff alter Mauern,
Bewegt unter Krämpfen, aus weiter Ferne, unbeständig, nie diaphan.
Bei jeder Systole weicht das Publikum ein paar Schritte zurück.
An den Ufern der neue Flaneur sieht sich mitgerissen, erschauernd,
Mit allem Seetang, dem Müll und den weißen Medusen aus Zellophan,
Die als Plastiktüten beim Einkauf dienten, ausgesetzt auf gut Glück.
Peristaltisch der Blick folgt dem Treibgut, hinaus zum Lido gezogen.
Selten sind Requisiten dabei aus den Opern, die alle tragisch enden.
Keine Maske treibt dort, kein Brautkranz, kaum ein zerrissnes Billett.
Daß die Lagune atmet, ein Saal voller Diven, sieht man am Wogen
Vorn an der Rampe, den *fondamenti*. Man hört sie, die Kontrahenten,
Hört die Arietten, die Koloraturen, chromatisch das Ach und Weh – –

Schrill in den Gassen, die Rezitative. Als schlügen überall Türen,
Geht ein Geräusch durch die Stadt. Immer folgt noch ein Klatschen
Begeisterter Hände. Man ahnt, was der Alte aus Bayreuth hier fand.
Vom Scirocco hofiert, von Levante und Greco, wurden alle Allüren
Frei Haus zum Klavierauszug. Wenn bei Sturmflut die Stiefel quatschen,
Die Regenschirme sich plustern, – hier ist es Musik, und sie bannt,
Was die Köpfe umschwirrt, all die Hexensprüche »Du stirbst allein«,
»Klein ist dein Leben«, »Mit den Wassern vergehst du« usf. usf.
Dabei kreuzt selbst die schwersten Partien heut ein gewisses »Okay«.
Die so vieles versprechen, die Wellen, vorm beredtsamen Stein,
Sind sie kleinlaut geworden, und selten erscheint noch *Mme. Le Mort*,
Wenn bei Seegang die Schiffsrümpfe poltern, die Taue knirschen am Kai.

***

Andria ist das Paßwort, das den Halbwachen warnt: nicht für bare
Münze zu nehmen, was Venedig heraushebt. Ob da mehr ist, viel mehr,
Wissen Taucher vielleicht. Keiner sah sie, die fischkalten Bildersäle,
Wo die Meister des Algengrüns hängen, im Tintenrauch der Kalmare.
Schriftklar im Licht, sagen Ölflecken nichts von den Louvres *sur mer.*
Was im Kreuzworträtsel die Worte, sind die vielen kleinen Kanäle
Hier oben: Relikte des Handels, der Reden, Verbindungen überallhin.
Gelöst treibt Legende in ihnen.
Die Strömung gibt ihnen recht,
Wenn sie trüb bei den Häusern verharren, im Geschwätz, unterm Kiel.
Nicht umsonst knien die Brücken auf Treppchen, steinreiche Büßerinnen,
Die sich zieren vorm stinkenden Wasser. Manchmal wird ihnen schlecht.
Nur die Metapher findet von selbst hier zum nächsten, entferntesten Ziel.
Wenn auch scheint, sie ist irre geworden an den stickigen Wellen,
Die dort Schlammblasen rülpsen, von Glas und Stanniolpapier glitzernd.
Sie, die *volgare* beherrschten so gut wie das Türkisch der Muezzin,
Sprechen heut Esperanto. Über schwimmenden Fellen stehn Aquarelle,
Und die tausend Facetten ergeben kein Bild mehr, nur brennende Spritzer.
Heißt der Geist aus der Flasche (elf senkrecht) nicht Dioxin?

(Hic sunt leones)

VII

Vielleicht kommt sie hier mal vorbei, leckt sich die marmorne Tatze,
Hier vorm Café, vom Putz berieselt (genauso fremd unter Arkaden
Wie auf alten Atlanten im Wüstensand) die *geflügelte Miezekatze,*
Von der Johann Wolfgang sprach. Wie der Lido kein Ort zum Baden,
Ist Venedigs Manege kein Spielplatz für Löwen, gleich welcher Art.
Wer verwechselt schon Möwenschreie mit dem Zwölf-Zylinder-Gebrüll,
Das der Städter vom Zoobesuch kennt. Was da überall scharrt
Mit verwundeten Füßen, sind Tauben, und deren Beute heißt Müll,
Nicht Gazelle und Zebra. Ganz zu schweigen vom Buch,
Das die Raubkatze hält, als sei lieber als Fleisch ihr die Schrift
Ihres klugen Dompteurs. Meist ruht sie auf steinhartem Tuch,
Gähnend, wenn wieder ein Blick durch den Sucher mit ihrem sich trifft.

(Bravi i morti!)

VIII

*

Nein, hier ist man nicht einsam. Einmal die Finger gespreizt,
Schwirrt aus jeder der Gassen ein Schwarm alter Namen und steht
Lang als Aroma über den Köpfen. Noch die ältesten klingen frisch
Wie die S in *sestiere*, degenspitz in *zecchino* das I.
Nicht aus Geiz
Sind sie aufgespart, doch weil alles sich hier um Namen dreht,
Um die Freuden von Gaumen und Kehle. An jeder Ecke entwischt
Wieder ein Fischlein aus Petrus' Hand und glitscht auf die Steine.
Sein Gezappel, das ist der Klatsch, das Zitieren und Schwätzen
Über alles von Dauer, alles Uralte wie Kinder, Rezepte, Wehwehs.
Hier werden Szenen gemacht, die Goldoni schon sah. Wer allein
Geht, vielleicht stockt sein Schritt auf verschlafenen Plätzen,
Wenn er jäh vor der nächsten Zisterne mitten im Quattrocento steht.

**

Dann aber zeigt sich, was neu ist. Hoch oben, Antennen
Sorgen für Auferstehung auch hier, für den Sprung aus der Kiste,
Wo die Stehaufmännchen *commedia* spielen in den Masken der Stars.
Natürlich gehört man hier nicht dazu. Wie soll man auch kennen,
Was schon das Kind im Norden, an Zerstörtes gewöhnt, nie vermißte?
Jetzt geht man tagelang durch Venedig, und sagt sich: Das also war's.
Eine Stadt, die bis heute ein Rätsel blieb, ein Ort für jederlei Hysterie?
Spitzt man die Ohren, hört man sie immer noch »Bravo!« rufen.
Über *calle* und *campo* hinweg.
Keiner da, der im stillen bebrütet,
Daß die Mauern länger hielten als die Familien. So vis-à-vis
Der viel zäheren Wasser, hatten sie alle die Schwellen, die Stufen
Von Verfall und Wiederkehr immer vor Augen, von früh an behütet.

IX

*

Also dann, laß uns ausharren hier in dem feuchten Versteck,
Bis sie alle getürmt sind, die Brühe uns glucksend am Schienbein steht.
Ganz für uns sind wir erst, wenn Venedig, ein Tankerdeck,
Überflutet liegt und die Reisebüros annoncieren, daß nichts mehr geht.
In die klammen Decken gehüllt, kommst erst du, dann ich
Nicht mehr raus aus dem Kichern, dafür sorgt Dorsch und Flunder,
Die durchs Fenster glotzen, verdutzt. Zum Witz wird der Wetterbericht.
Der berühmteste Laichplatz heißt Piazza San Marco, wo zu den Wundern
Aus Morgen- und Abendland sich der kiemenatmende Adel gesellt.
Hoch thront der Taschenkrebs, durchs Café jagen Barben, und Brassen
Suchen die Gassen nach Weichtieren ab. Was da blinkt ist nicht Geld,
Es sind Schuppen, lose Steinchen aus Mosaiken, unmöglich zu fassen.

**

Außer im Traum, wo der Fehlgriff regiert. Ob wir zwei uns umklammern,
Ob uns Octopusse beim Fesselspiel helfen, ist dort kaum unterschieden.
Du drehst dich im Schlaf, und ein Sardinenschwarm schrickt zusammen.
Am rülpsenden Ausguß gedenkt man, auf Zehenspitzen, der Nereiden, –
Sie könnten beleidigt sein, diese Untermieter, in ihrer silbernen Grotte.
Klar, daß das Auge hier schneller tränt. Soll sich schämen, wer flennt,
Weil ihn Heimweh packt nach der Fruchtwasserzeit?
                                                                                Weil die polyglotte
Verheißung der Wellen an etwas erinnert, das man allzugut kennt?
So vieles, was drinnen erstickt blieb, findet Echos dort draußen
Im verdoppelten Häusermeer, vor möblierten Aquarien, filigranen Balkonen,
Wo die Adria Kopf steht und Mollusken versteinert auf Kuppeln hausen.
Unsere Vorstellung läuft, wenn wir endlich an Bord des *Nautilus* wohnen.

***

Wenn es *schwapp* macht am Ohrensessel, im Salon die Waschküchenluft
Dir dein rotes Haar onduliert und Prousts Opus (kreuzweis gelesen) wellt.
Wenn das letzte Streichholz vor blauschimmliger Mauer verpufft
Und wir selbst überrascht sind, wie gut uns das Paar in den Pfützen gefällt.
Dann wird der Heimweg zur Springprozession auf Planken und Stegen.
Alle Nase lang fällt was ins Wasser. Wir angeln, was um uns vertauscht,
In den Himmeln versinkt.
Daß Pupillen sich, pfauenhaft plötzlich, erregen,
Läßt uns innehalten im Flüstern, wenn wir nachts, von Antennen belauscht,
Über die Dächer spazieren. Ob Hintertür oder Vordertür, einestags
Sind wir eingebrochen in diese Stadt, im eigenen Auftrag, zwei Diebe.
Jeder wartet noch, lauert, daß sie einer dem andern (»Sing es nicht, sags!«)
Stotternd voraushat, die große Erklärung. *Gloria in excelsis tibi.*

(A vista d'Uccello)

X

San Marco, Castello, Cannarégio, – der Stulpenhandschuh des Ritters,
Zurück aus dem Osten, langt nach der rissigen Küste. Entgegen
Kommt ihm ein andrer, am Handgelenk abgehackt, verlorn das Panier, –
San Croce, San Polo und Dorsoduro. Zwei Klauen, die periodisch zitternd,
Fest ineinandergreifen, dazwischen die Brücken, zerbrechliche Stege.
So sieht das Ganze von oben aus, gemalt in naiver Manier.
Unterm Flügel, an Bord der Maschine, die uns nach Süden brachte,
Erspähn wir mit Habichtsblick die Lagune, diesen Griff nach der Macht
Zweier Hände, die aus dem Wasser tauchten vor Zeiten ... *ad hoc.*
Am spitzen Daumen der einen saß lange der Zoll, überwachte,
Was von draußen hereinkam auf Schiffen als Tausendundeine Fracht.
Jetzt sind sie beide verstümmelt, ein Bahnhof hier, dort ein Dock,
In dem trutziges Kriegsgerät schwimmt, grau wie überall auf der Welt.
Über Lautsprecher, schnarrend, ist die Rede von »*Skagerrak* ... *Kattegatt*«.
Liegt es am Deutsch des Piloten? Hinter Verona schon schläft man fest.

Ciao! Vittore, ciao! Giorgio. Domenico! Und du, dessen Name nie fällt
Bei Vasari, ihr seid meine Zeugen. Ihr kanntet die Stadt,
Als sie reich war, vital, und der Preis ihrer Liebesaffären die Pest.
Solange Heraldik die Wortschätze hütet, kommt die Schöne nicht um.
Wenn sie auch älter wurde, vulgärer in mancher Nacht mit Touristen.
Vergeßt ihren Mundgeruch. Die so eigensinnig wie käuflich schien,
Hat noch immer das meiste zu bieten – Perspektiven ad libitum,
Die mit rauchfeinen Zinnen jeden, der ortskundig träumt, überlisten.
Bleibt ihr, wenn aller Schmuck erst versetzt ist, nicht Aquamarin?

Nachbilder. Sonette

I

Dann wirst du müde, und dein Mund bricht ein
In ein Gebiet, das Greinen nicht erreicht.
Schlaf sucht die Wege, die du tags allein
Nicht finden konntest. Durch die Venen schleicht,
Der das Gewebe besser kennt. Dein Parasit
Trennt dich von innen auf (den schweren Atlas
Von Osteuropa). Aus den Schlitzen sieht
Ein Anderer nach draußen. Aderlaß
Sind seine Blicke, die dir nicht mehr gelten,
Seit du verlernt hast, wie man sich versteckt
In dieser besten aller schlechten Welten.
Ein Mensch, der höflich seine Zähne bleckt,
Gewöhnt an Städte, Blutgerinnsel, Staus –
Das bist du, und kein Traum hält dich heraus.

II

Von welcher Grube aus... (Wer fragt hier wen?)
Siehst du dich hinterrücks durch Bauzaunlücken
Nach etwas suchen, das kein Mensch gesehn,
Kein Tier gewittert hat?
Entzücken
Ist hier so rar wie ein geräumig ... leerer Platz,
Der nicht verbaut wird, umgewühlt, beäugt
Aus Kran und Bagger. Wo ein halber Satz
Auf einem Grabstein für Familien zeugt,
Von denen nicht *ein* Goldzahn blieb, und Haus
Verdrängt wird bald von Haus, auch ohne Bomben, –
Was willst du hier? Von welchem Friedhof aus
Hörst du die Preßlufthämmer, spürst, wie Plomben
Den kleinsten Freiraum füllen? Vor dem Schritt
Stiebt keine Asche auf, kein Staub fliegt mit.

III

Und morgen ... wann war morgen ... was wird morgen
Denselben Körper aus den Schuhen heben,
Der so gewachsen schien den Straßen? Im Verborgnen,
Kaum merklich unter der Hypnose Leben,
Braut eine Szene sich zusammen, die,
Wie immer anders, immer gleich sich liest –
Ein Mensch verliert (kein Grund zur Hysterie)
Sein Gleichgewicht und sein Gesicht. Es schießt

Ein wenig Blut in irgendeine Kammer
Im Innern. Lungenweit wird ihm die Stadt
Beim Inhalieren letzter Laute. Kein Gejammer,
Wenn dieses Wolkenloch sich öffnet ... – die Fermate
Der Ersten Hilfe anhält, und der Puls wird matt,
Bevor sich zeigt, was er vergessen hatte.

IV

Was mich hierhergeführt hat? *Psyches Stimme*...
Durch Glas und Mauern hörbar, noch im dominanten
Rauschen des Stadtverkehrs. Wie alles Schlimme
Vergessen ist, sobald im Unbekannten
Der Kopf sich über Wasser hält, genügt
Ein Katzenschrei, ein Klirren, jemands Singen –
Ein Ton, durch Knochen dringend. Still vergnügt
Sieht man den Tag zerrissen. In den Dingen
Setzt wie in Brücken sich die Schwingung fort.
Verschleiß markiert das Straßennetz, und alle Rohre
Enden am Ohr, wo sein Gedächtnis hat,
Was aus den Kellern stöhnt, im Stein rumort.
Wir werden sterben, ohne Echo, doch die Stadt
Ruft immer neue Namen durch die Korridore.

V

Denn auch das will gelernt sein, Langweile.
Wenn den Fleck keine Kuh mehr düngt, diese allzu bekannte
Stelle im Weltall, von der sie sich fortzukommen beeilen.
Als sei nicht das erst der Horror: eng im bemannten
Raumschiff ein Eskimotod.
Wo die Marswinde wehen,
Und weil Umkehr vergeblich ist, Zeit keine Rolle mehr spielt.
Schnell vorbei wär der Spaß, könnte jeder scharf sehen,
Welchen Punkt er hier einnimmt für ein Auge, das zielt
Durchs Gewimmel der Leiber, die Brownsche Bewegung.
Noch hält Trägheit sie erdnah. Noch bewahrt sie ihr Gähnen
Vor sich selbst, ihrem Zorn, daß die Spielplätze weichen.
Was dort aufblitzt vorm Fernrohr, diamanthart, sind Tränen,
Die als Sterne zur Flucht verleiten, dieser ältesten Regung,
In gruftgroßen Kapseln im Team, in Horden unter den Eichen.

VI

Und plötzlich schreckt man auf, – neben dem Bett
In einer Wohnung unterm Dach. Die Sterne
Drohen als goldne Haken überm Bücherbrett.
Der wahre Alptraum ist, es gibt nur Ferne.
Kein Trost ist die prekäre Nähe
Des Körpers zu sich selbst. So falsch vertraut
Führt das Gehirn aus seiner Deckung diese Ehe.
Rhythmisches Beben läuft auf dünner Haut
Entlang der Rippen. Und wie dicht darunter
Schlägt dieses Kükenherz, das vom Krepieren
Ringsum längst ahnt. Die harte Diele
Macht, an der Wirbelsäule kratzend, munter.
Man reibt die Augen, sieht das Vielzuviele
Und kehrt zum Schlaf zurück auf allen vieren.

VII

Nichts macht immun gegen die Einsamkeit,
Die aus der Kindheit kommt, – wie zweite Masern.
Wenn nach dem letzten Lichtblick alles stargrau bleibt,
Die Fesseln (Verse, Träume, Frauenhaar) zerfasern.
Daß da kein Ohr mehr sein wird, das ihn wirklich hört,
Nachts wenn sich Feldweg, Schulhof, Bahnsteig gleichen,
Dämmert noch jedem, der aus langem Schlaf verstört
Erwacht in Nebenstraßen. Um ihn her die Leichen,
Ertrunkene im Traum, sie stellen Szenen dar
Aus Grimmschen Märchen, Gute-Nacht-Geschichten.
Der Wald ist leer, das Einhorn fort und von den Drachen
Blieb nur der Städtehimmel, dieser kolossale Rachen,
Dem er entgegenlebt. Schlaflos auf weiter Lichtung,
Erschrickt er, angelangt, wo vor ihm jeder war.

VIII

Und daß es Tod nicht gibt, nur Tote ... endlich war
Auch diese Einsicht nah. An einer Straßenecke,
Nach einem Unfall triebhaft dicht die Schaulustschar,
War es sehr still um eine braune Decke.
Orangen lagen und Zitronen breit verschmiert
Am Ende einer schwarzen Bremsspur. Im Asphalt
Versickerte ein Stirnfleck Blut. Wie konzentriert
Vorm Kühlergrill die Splitter glänzten, sternenkalt
So früh am Morgen. »Alle todgeweiht« –
Ein Fazit, das sie kannten und sofort vergaßen,
Im Andrang wie vorm Wurstbuffett. Sie merkten kaum,
Verführt von den Sirenen, daß die Zeit
Als erste Fahrerflucht beging. So blieb die Straße
....
Cloaca maxima für jeden Traum.

IX

Hat denn das Abschiednehmen schon begonnen
Am Tag der Ankunft? War der Stern dort kalt,
Bevor Ovid ihn sah, – Milliarden Megatonnen
Von Staub zu einer Illusion geballt.
Möbliert mit Brennholz sind die tiefen Zimmer
Der Lichterstadt, die Häuser Hünengräber nachts,
An deren Fronten das elektrische Geflimmer
Ein familiäres All erzeugt. Im Fahrstuhlschacht
Summiert die Münze ein Jahrzehnt, der Hosenknopf
Ein ganzes Leben zwischen ein, zwei Kriegen.
In Marmor (bald nach Christus) kann man sehn,
Wie auch Skelette noch umschlungen liegen
Vom Beischlaf, – wie der Totenkopf
Im Kuß ein Lächeln zeigt und ein Verstehn.

X

Woher der Drang, in den Himmel zu starren,
Wenn Gesellschaft enttäuscht und der Schuh unten drückt?
Dort das Faß ohne Boden, hier das Hühnerhofscharren
Vor dem Schlaf, der das feinste ist, was selbst Rohlingen glückt.
Was sind denn Sternschnuppen andres als kosmischer Müll,
Der dem Planeten zu nahe rückt.
So wünsch dir was, Junge.
Versuch es mit Yoga, Hypnose, mit Charme und Gebrüll.
Vielleicht kommt ja mehr als Geschmack auf die Zunge,
Mehr als Gestammel auch. Denn die Sterne sammeln uns ein.
Woher sonst der narzißtische Glaube, da draußen
Etwas wie Leben zu finden. Für den Fall eines Falls
Steht ein Forst aus Antennen bereit. Doch amöbenklein,
Hat im Radioohr, parabolisch, nicht jeder das eigene Sausen?
Wir auf dem Stecknadelkopf, *sie* in den Weiten des Alls.

XI

Wie fängt das an, Erinnern? Daß da jemand liegt,
Schon schläfrig und noch wach, und denkt zurück an einen,
Dem in derselben Rückenlage, Jahre früher, unbesiegt,
Erinnerung mit Käferfühlern hochkroch an den Beinen?
War es ein Schwächeanfall? Du allein, der zögernd registriert:
Dein Flüchtlingsbild in Fenstern, Kühlerhauben, Pfützen,
Treibt mit dem Bauch nach oben.
                                        Wer den Kopf verliert,
Dem sind die nächsten Schritte ungewiß. So sucht er Stützen,
In dem, was war. Nur auf Verlassenheit ist dann Verlaß.
Denn alles, alles ist verlorne Zeit, – gelebt, und gleich entfernt.
Zu fürchten, nein, zu wissen, daß der letzte Blick, die Frage,
Nicht auf die Sterne, auf Gerümpel fällt, erträgt man das?
Nachbilder sind es, Netzhautskizzen, die man lesen lernt,
Die Augen schließend, wenn der Tag sich legt wie alle Tage.

Mantegna vielleicht

Einmal im Halbschlaf... zwischen Nehmen und Geben
Habe ich meine Hände gesehn, ihre gelbrote Haut
Wie die eines Andern, einer Leiche im Schauhaus.
Beim Essen hielten sie Messer und Gabel, das Werkzeug
Des Kannibalen, mit dem die Jagd sich vergessen ließ
Und das Getöse beim Schlachten.
Leer wie der Teller
Lag eine Handfläche vor mir, der fleischige Ballen
Des letzten Affen, dem alles erreichbar geworden war
In einer Welt von Primaten. Mantegna vielleicht
Hätte sie unverklärt malen können in ihrer Grausamkeit,
Diese fettigen Schwielen.
Was war die Zukunft,
Die aus den Handlinien folgte, Glück oder Unglück,
Gegen den Terror der Poren, in denen der Schweiß stand
Wie die Legende vom stillen Begreifen auf einer Stirn.

Grauer Sebastian

Fünfzehn Pfeile trägt er im Leib bei Mantegna,
Zwei in den Lenden, zwei um den Nabel, einen im Bauch,
Sieben in Schienbein und Schenkel und Knie.
»Nichts außer Gott ist von Dauer: der Rest ist Rauch.«
Sagt ein Spruchband rechts unten, geschlungen
Um eine Kerze, die eben verlischt. Fünfzehn Pfeile, –
Zwischen den Rippen steckt einer, über der Brust, unterm Hals,
Keiner im Herzen. Doch welcher war tödlich?
Nichts verrät der geöffnete Mund, die Zunge, schon trocken,
Entfärbt die Gesichtshaut, der Blick des Gefolterten, – Gott,
Warum so viele der Schmerzen auf einmal?
Seine Peiniger haben sich schlafen gelegt. Er allein
Steigt aus den Himmeln, die bald schon herrenlos sind.

So hat ihn der Meister gesehn, selbst friedlos im Alter,
Wie nach durchwachter Nacht. So gehört er den Schatten,
Frierend auf schwarzem Grund und im kalten Licht.
Den Körper zum Vorwurf gekrümmt, im Rücken
Gefesselt die Hände, Märtyrer –
Betet er etwa nicht?

Venedig
Cà D'Oro

Vor einem alten Röntgenbild

Für Aris Fioretos

So sind die Körper gegangen. In der verlassenen Wohnung
Ist alles posthume Ordnung, von den Spiegeln bereinigt
Bis zu den Flecken im Bad. Unten am Wannengrund
Klebt ein einzelnes Haar, das Relikt einer Tierart,
Die nach der Paarung sich wäscht und die Spuren verwischt.
Wie friedlich die Fensterbretter mit ihren toten Fliegen –
Und doch kommt der Schrecken auch hier
Gern zu Besuch.

In die Ritzen legt er sich, auf Schwellen und Heizungsrippen,
Ein Nest für Insekteneier, ein geruchloser Weihrauch,
Der die Zimmer durchzieht, die Herdplatten schwärzt,
Lauwarm am Boden, in den Vorhangfalten schon kalt.
Hautschuppen sind es, Stäubchen aus einem Reptilienkäfig,
An denen sich zeigt, wer hier schläft. Vom Kalender
Annonciert überm Spülstein, hat die Zeit überdauert
Irgendein Montag.

Unter den Dielen liegt Bauschutt, und an den Möbeln ist nichts
Menschlich, außer der Zähigkeit, die sie geschaffen hat,
Den gerippehaften Tisch, das Ensemble verknöcherter Stühle,
Die solang keine Hüfte mehr warmhielt und keine Hand.
Im Waschbecken trocknet, im Wasserhahn krümmt sich
Die Illusion vom erleichterten Leben. Komfort
Ruft aus den Ecken ein Hausgeist, der sich versteckt hält,
Wo sonst der Staubsauger aufheult
Im animalischen Dreck.

Dorthin zurück kehrt, manchmal nach Tagen, nach Wochen,
Erstaunt, der hier wohnt. Mit dem Schlüsselbund fällt
Sein Blick auf neutralen Boden, bevor er sich fängt
Im geschlossenen Mauerwerk. Gebannt steht er da,
Für Augenblicke sich fremd wie vor den spurlosen Fugen
Der Kaltwasserbecken Pompejis, vor der zerkratzten Wand
Im *Haus der Verkohlten Möbel*, den Obszönitäten,
Dunkel und fleischlos.

So sind die Schatten verschwunden. Und vom Stein aufgesaugt
Ist der schmale Schweißrand, den in der Julihitze am Mittag
Der Fuß einer Römerin hinterließ. Die Kammern alle,
Durch Türen verbunden, nachdem sie geräumt sind,
Kennt keiner sie wieder. Vor versammelter Leere
Ist jedes Rosa getilgt, und der Rost an den Rohren bleibt
Länger frisch als in der Küche das Fischblut, auf neuen Tellern
Der Augapfelglanz.

Doch in den Abfalleimern keimt Leben. Und manchmal bricht
Beim Durchwühlen der Tüten ein Fingernagel. Ein Mißgriff
Zieht einen Splitter ins Fleisch. Eine Schublade klemmt,
Weil ein Photo, das dich als Säugling zeigt, festhängt
Mit der Beharrlichkeit eines Gegenstandes im Traum.
Pflanzen, im Schrank vertrocknet, dementieren den Frieden
Einer tickenden Wanduhr. Von überall höhnt es:
»Sieh, was draus wird ...«.

Das steife Handtuch, zum Beispiel, am Haken, und an der Tür
Ein Paar Halbschuh, bis hierher getragen. Oder die Bürste,
Grau mit dem Abdruck vom Zähneputzen – ein Nachlaß
Zur Lebzeit, erspäht durch ein Schlüsselloch,

Ein Archiv kleiner Tode, das jederzeit auflösbar ist.
Bis etwas anfällt, das keiner vermißt hat, – ein Röntgenbild
Zwischen gelben Rezepten in einer Krankenakte,
Ein Negativ, das den eigenen Schädel zeigt,
Im Knochen den Bruch.

Das Souvenir eines Unfalls, – und durch Bestrahlung ist
Alles Fleisch restlos beseitigt worden. Weiß auf dem Film
Liegt ein Schleier, um leere Augenhöhlen der Zigarettenrauch
Eines paffenden Engels. Ein Dreieck klafft
Anstelle der Nase. Durch den verdunkelten Mund
Schiebt sich das All. Und dieses Grinsen, in Kalzium gefaßt,
Ist das erste Gesicht und das letzte, aus dem
Nichts mehr zurückblickt.

Denn mit den Wimpern gestrichen, mit den geduldigen Lidern,
Sind auch die Augen, Haut und Haar aufgebraucht
Wie aus den Drüsen der Stoff für Romane, die Tränen,
Und jede Falte. Auf die man so gerne gebissen hatte,
Die Lippen sind fort. Und verschluckt ist die Zunge
Hinterm Gebiß. Doch in den Jahren nachher
(Oder waren es Stunden) blieb, wo der Hammer ihn traf,
Der verbogene Nagel im Putz. Durch den Anstrich sichtbar,
War an der Decke der Wasserfleck. Blau wie am ersten Tag
Stand die Vase im Fenster, das Veilchengrab, lag in der Schale
Ein rundes Stück Seife, unbenutzt. Und die Spur von Gebrauch
An Messern und Flaschenhälsen war eine falsche Fährte
In der verlassenen Wohnung. Vor kahlen Wänden,
Flackernd im Röntgenlicht, zeugte nichts mehr
Von den Balancen der Körper, verschwunden
Im Kommen und Gehn.

Erdenleicht

Müde der kleinen Ohnmacht, müde der großen –
Beim Anblick der nackten Füße am Bettrand, des Staubs,
Leckst du die Fingernägel (schon wieder gewachsen). Im Mund
Steht ein Geruch, der einsam macht, wenn man lauthals lacht.
Morgens im kalten Zimmer lacht niemand. Im Hirn entfacht
Wird ein Verlangen nach Draußen, das sich kaum stillen läßt.
Daß der Körper nicht schwach wird beim bloßen
Gedanken an diesen Schleim, der er war, an den Aschenrest,
In dem er sich sammelt auf keinem Grund.
Alles ist Hinterhalt – in den Augen, den Ohren. Gewarnt
Wachst du auf, erdenleicht, grausam in aller Unschuld,
Ein junger Vampir, der vom Hals seines Mädchens geträumt hat,
Zwischen den Zähnen das Fleisch von Gestern.

Physiognomischer Rest

Auch dieses Kinn, das du manchmal im Spiegel siehst,
Wird man irgendwann finden, den Kiefer dazu,
Unter anderen Knochen. Heute noch unrasiert,
Wird es schon morgen abstrakt sein, ein weißer Bügel,
Rein wie ein Notenschlüssel aus Draht.

Unbekümmert, anderntags, Verse

Ohr an Ohr durch die Nacht
Selig segelnd, ein Paar
Schräger Vögel, was haben
Wir vorm Schlaf schon gelacht.

Mit den Fingern, den Lippen
Überschritten aus Haar
Den verborgnen Äquator
(Breitengrade die Rippen).

Ich war, was *dieser* Muskel
Aus mir machte im Dunkeln.
Auf den Haut-Atlas Länder
Schrieb die Hand in Majuskeln.

Du, durch Zeitzonen gleitend,
Wachen Blicks, Navigator,
Nackt im Fensterglasfunkeln,
Tauschtest lächelnd die Seiten.

Hier der Wolkenzug, dort
Sommersprossig dein Rücken …
Tief im Erdgeschoßgraben
Blieb das Zimmer zurück.

Uns, dank Thermik getragen,
Schien es gleich, – fallen ... steigen.
Konzentrierte Verschwender
Von Sekreten, so lagen

Wir verschlungen zum *Und*.
Eine Nacht lang, dann Schweigen
Der verbliebenen Körper
Wie zuvor – moribund.

Denkmal für einen Fuß

Ein Denkmal ist ein Rinnstein für Erinnerungen,
Die niemand auffängt sonst. Es ignoriert
Die Ignoranz von Zeit zu Zeit.
An seinen Kanten bricht sich das Vergessen
Und sammelt sich und bildet kleine Pfützen,
Um die verlegen Lebende den Toten
Minuten opfern ihrer Lebenszeit,
Die knapp bemessen ist. Ein Denkmal
Ist eine Wendemarke, an der Tod
Ein Datum hinterließ und einen Namen, lesbar
Als Tröstung rückwärts und voraus als Drohung.

Vor allem Drohung. Denn vom Stein verschwiegen,
Liegt eine Einsicht auf der Lauer. Alles,
Was je empfindlich war (d. h. aus Eiweiß)
Wird bald zersetzt. Weshalb das Schimmern
Verdächtig ist, der tote Glanz
Nach jedem Regen, der zwar Stein und Mauer,
Doch keine Haut reinwäscht. Kein Denkmal
Hält die Verengung der Pupillen fest,
Bei Nacht den Schweißausbruch
Oder das Schwarze unterm Fingernagel,
Das keine Inschrift braucht und keinen Kniefall.

In jedem Denkmal triumphiert die kalte Schulter,
Ein Fußtritt, zeitentrückt. Das Ohr aus Bronze
Hört nichts mehr, und der leere Blick

Kalkweißer Augen bleibt in sich gekehrt.
Bei jedem Wetter zeigt denselben Ausdruck
Der Mund aus Porphyr, das Gesicht
Ein stummer Windfang. Andacht
Heißt die Verlegenheit vorm Regungslosen,
Wenn sich in Totenstarre (ein Reflex der Tiere)
Der Körper steif macht in Erwartung der Gefahr,
Die aus der Zukunft kommt, – wie jedes Denkmal.

Kann sein, nichts ist so wirklich und erschreckend
Wie jähes Selbstmitleid. Den eignen Fuß
An einem Sommertag zu sehn, und wissen,
Daß man ihn so nie wieder sehn wird, nackt,
Mit warmen Venen, kuriosen Büscheln Haar,
Entspannt im Gras, gibt einen Stich.
Vielleicht ist es ein Mückenstich, vielleicht
Die Ahnung kommenden Verlusts. Narzißtisch
Wäre der Blick des Sprinters auf den Fuß,
Der ihm zum Sieg verhalf, doch so
Sieht ein Bestürzter sich beim Sterben zu.

Ist das derselbe Fuß, den man als Säugling lange
Umklammert hielt, noch ganz Schimpanse,
Den Körper sammelnd? Ist es dieser,
Verpackt in Stiefel später, graue Socken,
Mit dem man einbrach, schlittschuhlaufend,
Das Eis von unten fühlend. Den man weiß
Auf schwarz versinken sah im Moor. Datierbar
Ist jede Narbe zwischen Zeh und Spann
Und jeder blaue Fleck. Die Hornhaut,
Ein rauhes Albumblatt in Blindenschrift,
Liest sich als kryptischer Bericht vom Einzelgang.

Warum ein Denkmal für ein Stück mortales Fleisch
Von funktionaler Schönheit, dem Geduld
Zu Rast und Bad verhilft. Die Elegie
Meint nicht den Knochen, den ein Schuh drückt,
Nicht die Achillesferse und die Sohle,
Aus der ein Grieche, konzentriert in Marmor
Für alle Zeit, den Dorn auszieht. Vielmehr
Gilt sie der Wölbung, die den Körper trägt,
Der kleinen Mulde unterm Knöchel. Einzig
Ist unter mehreren Milliarden dieser eine Fuß,
Von dem nicht sicher ist, wo er als nächstes hinwill.

Ein Fuß ist nur ein Fuß – wird nur ein Fuß sein,
Selbst wenn er Flügel trägt und ohne Bruch
Jahrzehnte durchhält. In Äquatorlängen,
Beim Marathon durch asphaltierte Städte,
Mißt sich die Strecke, die er spurlos
Zurücklegt zu den Schlaf- und Futterplätzen.
Fast immer ist er in Bewegung. Nicht für sich
Geht er auf glühnden Kohlen in die Betten
Zum Liegestütz zu zweit und schleicht
Verstaucht auf Zehenspitzen fort vom Tatort.
Ein Fuß ist nur ein Fuß, ein stummes Werkzeug,

Auch wenn er Zeit und Raum vergessen läßt,
Verankert in der Felswand und beim Abstieg
In eine Tropfsteinhöhle, wo ein Urmensch,
Im Ausdruck höheren Gefühls, beim Zeichnen
Der Szenen einer Bisonjagd, den kleinen Zeh
Einzog im Aufrechtgang. Nicht Hände,
Es waren Füße, die in Xenophons Bericht

Den Marsch der zehn mal Tausend führten,
Und Fußvolk machte früh Geschichte.
Ein Fuß ist nur ein Fuß, gelenkig, ein Pedal,
Das im Gelände kaum mehr fortkommt.

Verloren gegen Panzerketten, Achsen, Walzen,
Gegen Motoren, Schienenstränge, Räder,
Federt sein Schritt noch durch Geröll,
Entlang der Küsten, pflügt den Dünensand,
Die Streifen zwischen Autobahn und Rollfeld.
Und bleibt ein Rätsel wie der Saurierschwanz,
Bald requiriert für neue Stammesziele.
Verkümmern wie beim ersten Lurch
An Land die Kiemen wird auch dieses Glied,
Wenn seine Zeit gekommen ist. Vielleicht
Trübt deshalb Nostalgie den Blick

Auf ein Gebilde, das sich so schnell auswächst.
Der eigne Fuß, extern fast, unerreichbar,
Ein fernes Körperteil und doch durchblutet,
So zeigt er sich beim Gehn von oben,
Ein Glied wie Paarhuf, Pfote, Rüssel, Flosse,
Gemacht zur Flucht von Anfang an,
Zum Auszug aus dem Paradies. Ein Denkmal
Wird ihn nicht halten. Und im Gipsabdruck
Sieht man die Stürze nicht, den langen Weg.
Dein Fuß ist nur dein Fuß – der hinterherhinkt
Den Stellen hinterm Kommna und markiert

Stolpernd die Pausen im privaten Irrlauf,
Der dorthin führt, wo er am Ende einknickt.

Als Gangart gibt er unter sich den Boden
Stoßdämpfend weiter an das Ohr.
Und da erst wird ein Takt draus, der sich Zeit,
Die sonst im Sand verläuft und im Kalender,
Gefügig macht wie die Massage Fleisch,
Wie die Dressur das Muskelspiel. Unheimlich,
Wenn da ein Denkmal steht, sich vorzustellen,
In jedem Sockel steckten Füße, tausende.
Und daß sie scharren tief im Piedestal,

Vom Stein verschluckt, unhörbar für Passanten.

Trio für ein distanziertes Auge

I. Dinge

Motto: res non verba

Und immer steht man inmitten von Dingen,
Dingen, die einen am Fortgehn hindern,
Klobigen, schweren, opaken Dingen.
Dingen, die in der Enge zum Schlingern,
Gegenständen, die zum Verrenken zwingen.

Und immer ist man umzingelt von Dingen,
Trostlosen Dingen, die keine Stunde lindern,
Billigen, abgewetzten, beleidigten Dingen,
Krempel, ganz stumpf vom stupiden Befingern,
Dingen, die lange schon vor der Nase hingen.

Harthörig sind sie, die sperrigen Dinge,
Undurchdringlich und ignorant.
Dinge, die sich in Tod und Leben mischen,
Dinge in Ecken, in Träumen, auf Küchentischen,
Schon Nebukadnezar hat sie gekannt.

Zählebig sind sie, die erblichen Dinge.
Von wegen persönlich, von wegen Besitz.
Dinge, in Kellern, auf Dachspeichern lauernd,
Dinge, die Urahnen, Mutter und Kind überdauern,
Keins, das je lacht oder weint oder schwitzt.

Elternlos sind sie, die künstlichen Dinge,
Zu Männern gehorsam, zu Frauen galant.
Dinge, die sich an Hüften, in Nacken schmiegen,
Dinge samtweich, kaum mit Gold aufzuwiegen.
Und einmal will jedes in Midas' Hand.

Bestechlich sind sie, die scheintoten Dinge,
Die zusehn bei Liebesspiel, Mord und Verrat.
Dinge, die als Beweismittel trügen,
Dinge, verstummt unter Schonbezügen,
Für jedes Alibi stehn sie parat.

Und immer sind sie im Zentrum, die Dinge,
Ob rot oder rund, gegen Schmerz resistent.
Objekte, die ohne dich gut existieren,
Fremdkörper, die nie ein Achselhaar spüren,
Im Diesseits, im Jenseits omnipräsent.

Denn Dinge, die Dinge sind immer dabei.
Was Menschen mangelt, sind sie zuviel.
Wo du allein bist, sind ihrer zwei, drei ...
Staubfang die meisten, und Raumvertreib.

Kein *lacrimae rerum* täuscht da, Vergil.

II. Gesichter

Der erste Blick und der letzte
Kreuzen einander, in einer Drehung,
Verwundert über die kurze Distanz,
Die Sekunde Leben. Den Raum
Hat das Weiße im Auge, die Zeit
Der besessene Lidschlag getilgt.
Im Schwarz der Pupille ertrinken
Landschaften, Menschen und Städte.

Vergessen fängt in den Augen an,
Wie vom Schwanz her der Fisch
Zu stinken beginnt. Übers Gesicht
Läuft, ein Schatten, die alte Tierangst,
Bevor die Grimassen sich zeigen,
Die Masken, begehrlich schillernd.
Vieles ist menschlich, doch nichts
So unmenschlich wie das Gesicht

In den Phasen der Gier, der Gewalt.
Zwischen Säugling und Mumie,
Was sich eingräbt, sind Schrecken.
Und Lachen löst, Panik, Verzückung,
Die Züge auf. Wäscht denn der Traum
Nicht von innen die Augen blank?
Der letzte Blick und der erste
Sind ohne Beispiel. Von Vorsicht frei,
Finden sie nicht mehr zurück.

III. Meditation

Vergrab dein Gesicht in den Händen.
Presse sie fest gegen Wangen und Stirn.
Laß kein Licht mehr durch die Finger.
Richte dich ein in den eignen Vier Wänden
Aus Jochbein, Schädel und Gehirn.
Bleib so, der Kopf ist kein Zwinger.
Kein Boden fängt auf und kein Dach.
Oben sind, unten, rechts und links, Worte.
Keins triffts ins Schwarze wie *Ach*.
Vergiß, wo dich nichts kennt, die Orte,
Meeresbucht, Stadtrand und Wald.
Träum nicht, es sei denn, vom Ende.
Zwischen Himmel und Erde, kein Spalt
Ist da, für dich kein Halt im Gelände,
Nur Raum, der dich auslöscht, nur Zeit.
Versuche dich nicht zu erinnern.
Öffne die Augen, öffne sie weit.
Was siehst du jetzt, wenn du dich drehst?
Ist das die Dunkelheit im Innern?
Ist das die Nacht, in die du gehst?

Kleine Litanei

Ach ja, wir sterben, wo wir gehn und stehn.
Hast du nicht selbst gesagt, daß es so sei?
Man wünscht, das sollte besser nicht geschehn,
Und doch gehört es hier zum Vielerlei.

Zum Vielerlei gehört hier mehr als Sterben.
Soviel ist klar und wird vorausgesetzt.
Doch bleibt, nach allem Abzug vom Verderben,
Zumindest diese Einsicht bis zuletzt.

Die Einsicht bleibt, daß wo wir gehn und stehn,
Gestorben wird, und es hilft kein Geschrei.
Die Gegenwart ist alles was wir sehn,
Vergangenheit ein Staubfleck in der Mongolei.

Ein Staubfleck dort so gut wie hier, an jedem Ort,
Wo noch geboren wird und wo man sterbend geht.
Es braucht sie nicht, den Unfall und den Mord,
Um zu beweisen, was sich von allein versteht.

Denn von allein versteht sich, daß wir sterben,
Das ganze Leben lang, im Schlaf und nebenbei,
An einer Sache, die wir mit den Körpern erben.
Hast du nicht selbst gesagt, daß es so sei?

Gespräch mit dem Dämon auf halbem Wege

Es ist Halbzeit, mein Lieber. Egal wo ich bin –
Im Gedanken am Nordkap oder hier überm Kinn –
Kommt der Schritt, den du vorlegst, immer schneller ans Ziel.
Nicht der Tag wird jetzt kürzer, nur mein Schatten. Senil

Ist vor Rückspiegeln Hadern. Denn was hinter mir liegt,
Bleibt für immer gestohlen, und Langweile ist nur
Der Phantomschmerz um Stunden, die der Alltag besiegt.
Von der jüngsten Umarmung bis zur nächsten Rasur

Ist die Wange schon kalt. Nein, es braucht nicht die Klinge,
Vorzufühlen was kommt: Kühlhaus, Starre, ein Knistern
Unempfindlicher Folien, – wird man, Ding unter Dingen,
Im Container entsorgt. So beschützt mich dein Flüstern,

Wenn mein Brustton versagt. Wie dem Kleinkind die Stimme
Bricht, wenn Riesen am Bett stehn, macht ein Uhrenvergleich,
Daß mir schwindelt vorm Rand des platonischen *Immer*,
Wo das Sterben nichts gilt, und kein Fleisch, kein Vielleicht

Stört die Himmelsmechanik. Dort läuft alles geschmiert,
Streng nach sphärischem Fahrplan. Sag mir nie mehr, daß Zeit,
Dieses Nichts, das Gehirnzellen, Freunde ... Geld dezimiert,
Alles heilt. Nur Vergessen befreit

Mich von dir, haßgeliebtem Spion, der mein Leben erzählt.
Halbzeit ist, wenn Erinnern zum Tinnitus wird und Vergleiche
In der Luft schwirrn wie Mücken, deren Blutdurst mich quält.
Denn du kennst nur die Engel, und ich nur meinesgleichen –

Mängelwesen wie mich, schwierig, sterblich ... verliebt,
Aristoteles' Tiere, in den städtischen Zoogehegen verbraucht,
Am gestörten Verhalten erkennbar, am exzentrischen Trieb
Zu Geplapper und Nasebohren, vor dem Mund manchmal Rauch,

Der den Atem verwandelt in blaugraues Warten.
Ja, ich kann mir gut denken, was mein Buchhalter denkt.
Nicht die Zeitungsschau täglich, nicht das Hellsehn, die Karten,
Die ein Mütterchen legt. *Amor fati* allein hält mich ungekränkt.

Doch auch das ist bloß Spielzeug, vor dem Sperrmüll nie sicher,
Eine Puppe aus Lumpen, die nur deshalb nachts tröstet,
Weil ihr Balg nach mir riecht. Aus der Kindheit das Kichern
Hilft mir mehr als dein Motto: »Sei dir selber der Größte.«

Ach, verschlammt sind die Becken, wo vom Sprechchor verführt,
Mich ein Sprung aus zehn Metern vor Blamage bewahrte.
Selbst mein Zeh, taub vom Laufen, der die Wetter früh spürt,
Prüft vorm Baden das Wasser. Zwischen Not und Gefahr

Unterscheiden macht älter. Nicht nur Schmerz separiert,
Auch das Feilschen mit dir. Auch die Hand, die dies schreibt.
Was kein Schlaflied vorhersah, fern der Märchen krepiert
Erst das Kind in mir, dann, – sein gehätschelter Leib.

Dennoch Dank. Ohne dich wär die Strecke (aus sovielen »Jetzt!«)
Unerträglich gewesen. In Gesellschaft mit dir
Ließ sich Winter lang pokern, bis der erste zuletzt
Grinsend aufgab, beim Scotch. Zwei mal Null war dann Vier.

Laß uns offen sein, Dämon. Für dich bin ich bald
Episode im Traum, – der die Namen wechselt, die Körper tauscht.
Du mein Tagedieb zählst sie, höhnisch, die in fremder Gewalt
Stumpf umrundeten Stunden. So geräuschlos belauscht

Überm Schädeldach, Alter, war mein Irrgang ein Schlendern,
Mein vergebliches Fragen – dein sadistischer Flirt.
Dank für Katzenblick, Hyazinthen, Verrat (schwer zu ändern)
Und den Luxus von Verben, aus denen nichts wird.

Ostrakon Dresden 1284

Wach liege ich, wach, und die Nacht
Verdunkelt, was hell war an mir
Bis zuletzt, diese Haut.

Durch die blauen Matratzen, den Rost,
Sickert Wasser in salzigen Tropfen,
Oder ist es das Fleisch?

Die Stunden umrundend, von Ohr zu Ohr
Wandert der Atem, der ferne Puls
Ausgesetzt hinter der Wand.

Einen sterblichen Körper, von Schwerkraft
Gebannt, näht ein erloschener Stern mich
Mit seinem Restlicht aufs Bett.

Dort draußen ist alles mir zu gewaltig.
Vom Facettenauge der kleinsten Fliege
Geht noch Vernichtung aus.

Anmerkungen

Der Misanthrop auf Capri

Kaiser Tiberius (42 v. Chr.–37 n. Chr.). Von seiner Villa auf Capri, die heute von Eidechsen bewohnt wird, regierte er ein Weltreich, das von den britischen Inseln bis zu den Wüsten Afrikas reichte. Ein Wink seiner knochigen Hand, die Tacitus eigens erwähnt, und die römischen Flugzeugträger waren in Marsch gesetzt.

Julianus an einen Freund

Ammianus Marcellinus sagt über Kaiser Julianus (331–363 n. Chr.): »... denn er wußte aus Erfahrung, daß kein Tier den Menschen so gefährlich ist, wie die meisten Christen in ihrer tödlichen Wut gegeneinander.« (Römische Geschichte, Buch 22,5)

Von den Todesarten der Idioten

Ludwig Friedlaender hält im III. Band seiner *Sittengeschichte Roms* eine Verwandtschaft fest: »Celsus hatte die Verkünder der christlichen Lehre mit Marktschreiern verglichen, weil sie sich vorzugsweise an die ungebildeten Massen wandten, und Origenes erwidert, die kynischen Volksprediger täten genau dasselbe.«

Heiner Müller, auf dann ... Drei Blätter

II: *Tartarisch* ist ein Lesefehler aus Heiner Müllers Gedicht »Ajax zum Beispiel«. Dort taucht in der Figur Stalins der Tartar auf, offenbar als Verschmelzung von Tatar und Tartaros, dem griechischen Unterweltsraum.

III: »Animula vagula blandula / Hospes comesque corporis/ Quae nunc abibis in loca / Pallidula rigida nudula / Nec ut soles dabis iocos.« Kaiser Hadrian (76-138 n. Chr.).

Novembertage

1989: *Trabant* war die Bezeichnung für den ostdeutschen Volkswagen, ein Synonym für Auto, aber auch Gefolgsmann.

Hysterische Ode. Ein Operationstraum

The heavens are holey. Wortspiel des Time Magazine aus Anlaß jüngster Erkenntnisse über die sogenannten Schwarzen Löcher.
Was ich jetzt sage, sage nicht ich. Mandelstam, Der Hufeisenfinder.

Groteske zu später Stunde

La chair est triste, hélas! Mallarmé, Brise marine.

Nach den Satiren I)

Motto. Juvenalis, Satura III, Vers 235-36
»... magnis opibus dormitur in urbe.
inde caput morbi ...«
Eingeführt wird dort das Motiv der Schlaflosigkeit (insomnia), der durchwachten Nacht (vigilia). Der ruhige Schlaf als kostbarstes Gut wertet den Sinn von Reichtum in übervölkerten Milieus um. Daß man viel Geld braucht, um nur ruhig schlafen zu können, deutet die Paradoxie urbanen Lebens radikal als Teufelskreis. Noch ist das christliche Gewissen, Motor der Schlaflosigkeit, nicht erfunden.

Zeile 45. Augustinus, Confessiones, 6. Buch, 8. Kapitel:
»Denn als er das Blut sah, trank er zugleich das Gift des Bestialischen; und er wandte sich nicht ab, sondern heftete seinen Blick auf das Schauspiel; er sog das Gräßliche in sich, und ohne es zu wissen, be-

gann er an dem verbrecherischen Kampf Vergnügen zu finden, und wurde von blutiger Wollust trunken. Und schon war er nicht mehr derselbe, der dorthin gekommen war, sondern einer aus der Menge, zu der er gekommen war, und wirklich ein Genosse derer, die ihn dorthin gebracht hatten. Was soll ich noch sagen?«

Zeile 70. *Muränenmaul.* In Alfred Brehms *Thierleben*, Abteilung Fische, wird die Muräne wie folgt beschrieben: »Bei den alten Römern stand das Fleisch eines Aalfisches, der *Muräne*, in hohem Ansehen. Ihr zuliebe dämmten sie Teiche und Meere ein und besetzten diese reichlich, um stets den nötigen Bedarf für ihre Schwelgereien bei der Hand zu haben ... Wenn eine Geschichte, die außerdem erzählt wird, sich wirklich zugetragen, verleitete die Muräne andere Römer zu den größten Scheußlichkeiten. Vidius Pollio nämlich soll in Erfahrung gebracht haben, daß die beste Mast der Muräne Menschenfleisch sei, und diesem Wahne mehrere seiner Sklaven geopfert, d. h. deren Vergehen durch Ertränken in den Muränenteichen bestraft haben!«.

Zeile 82. Nach dem Ende des Zweiten Weltkrieges und der durchgängigen Bewaffnung ganzer Bevölkerungen war ein neues Zeitalter ziviler Verbrechen angebrochen: *The Age of the Revolver*, wie Alfred Hitchcock es einmal nannte.

Zeile 83. »Die Gestalt einer Stadt ändert sich leider schneller als das Herz des Sterblichen.« Charles Baudelaire.

Zeile 86. Einmal, beim Anblick von Tauben auf einem Parkweg, stieg in ihm der empörte Gedanke auf: »Er läßt sie die ganze Zeit nikken.«

Zeile 207. »Die Galiläer haben alles mit Gräbern ausgefüllt, sagte Julian, der Jesus nie anders als den *Toten* nannte.« E. M. Cioran.

Nach den Satiren II)

Bevor er durch Schlangenbiß starb, in Arkadien unauffällig, ein alter Mann, blieb Orest wenig im Leben erspart. Was immer er tat, es war falsch, weil der Anfang verfehlt war, die Urszene, in der das Kind hinausgeschleudert wurde in eine feindliche Welt. Weil er die Krankheitskeime, Mißtrauen und Mutterhaß, in sich trug wie die Zweifel des Täters, wurde ihm jeder Ort zum Exil. Ein Überforderter (von den Pflichten der Rache wie von ihren Folgen), war er auf keiner griechischen Insel zu Hause, in keinem Hotel. Niemand verstand sein Drama, das in den Lüften spielte. Wann immer er in den Spiegel sah, tanzten hinter ihm andere, Vatergeister und Mutterdämonen. Nachts im Schlaf kämpfte er mit den Ebenbildern Elektras, der kleinen rachsüchtigen Schwester.

Nach den Satiren III)

Zeile 44. »Die schamgerötete Wunde am Körper der Gesellschaft sondert Geld ab und heilt. Sie überzieht sich mit metallnem Schorf.« Walter Benjamin, *Das Passagen-Werk* / Aufzeichnungen und Materialien.

Zeile 73. Bei den Bauarbeiten am Potsdamer Platz in Berlin ist ein halbes Jahrhundert nach Kriegsende der Schädel eines jungen Wehrmachtsoldaten zum Vorschein gekommen. Bis die Überreste des Unbekannten geborgen waren, ruhte die Arbeit in diesem Abschnitt für einige Zeit.

Zeile 131. Fernsehn: *die tote Großmutter*, wie der Volksmund sagt.

Zeile 140. »Im Halse des Erstickten ist die Gräte / so einig mit sich selber wie im Fisch.« R. M. Rilke, mit Bauchrednerstimme, in den Gedichten *Aus dem Nachlaß des Grafen C. W.*

Gesang der Satten. Karl Kerényi zufolge war *satura* ein Kunstwort, das die Römer erfunden hatten zur Bezeichnung eines neuen Genres. Die Satire (im Namen verbirgt sich die Völle, die Sattheit, das Bild der gefüllten Schüssel) war sozusagen der Gesang der satten Leute. Wohl deshalb trugen sie ihn so gern während der Mahlzeiten vor. *Nach den Satiren*, das war, wenn alles gesagt und durchgekaut war, der Heimweg, der Katzenjammer, die Zeit der Gedankenspiele und der Verdauung. Während der Magen arbeitete, kehrten die mit vollem Munde verspotteten Dämonen langsam zurück. Die meisten Todesfälle unter den reichen Römern traten während der Nacht oder am Morgen nach solcher fetten Mahlzeit ein. Nach den Satiren, – kamen die üblen Schatten zurück, die Sarkasmen, Grund für die Schlaflosigkeit. Überall Knochen und Rülpser, und die schöne Zeit war vorbei.

Nach den Satiren IV)

Motto. Guillaume Apollinaire, Zone, in: *Alcools.*
»Ganz zuletzt bist du müd dieser Alten Welt.«

Apropos *Ich.* Eine Silbe, die hier wie überall auftaucht und immer wieder erklärungsbedürftig scheint. In seinen Studien über Poe sagt Baudelaire einmal: »Seine erzählerische Methode ist denkbar einfach. Mit zynischer Einförmigkeit mißbraucht er das *ich.*« Vielleicht hatte Freud ja recht, der vom Helden aller Tagträume sprach. Daran, daß es unverletzlich sei, würde man es mühelos wiedererkennen. *Seine Majestät das Ich.* Was aber, wenn sich, wie oft im Gedicht, jedesmal ein Anderer dahinter verbirgt? Ein altes Ich, ein neuer Ton – was weiß die Stimme schon davon?

Veneziana (Magistrate alle Aque)

Zerbrechlichstes. »Fragilissima!« stand in zittriger Frauenhandschrift auf einem Päckchen, das in einem der Kähne lag, der unterhalb der Rialtobrücke vertäut war. Was mag sie enthalten haben, die kostbare Sendung, eingekeilt zwischen großen Kartons mit Fernsehgeräten und Kühlschränken? Drohend lehnte über ihr ein schwerer eiserner Sackkarren. Am Bug des kleinen schäbigen Postbootes war tatsächlich der Name *Gioconda* zu lesen.

Ciao! ... Giorgio. Vasari erwähnt in seiner Lebensbeschreibung des Venezianers Giorgione, wie dieser den Auftrag bekam, nach einem Brand der *Fondaco dei Tedeschi*, dieses Warenlager der Deutschen neu auszumalen. »Er legte Hand daran und malte, als Beweis seiner Kunst, lauter Phantasiegestalten; und tatsächlich findet man weder eine Folgerichtigkeit von Bildern, noch einzelne Begebenheiten aus dem Leben berühmter Personen des Altertums oder der neueren Zeit; ich für meinen Teil habe es nie verstehen können ...«. Heute ist von der reichen Freskenmalerei der Fassade nur noch die Rückenansicht einer nackten Frauengestalt erhalten.

Inhalt

Historien

Nach den Satiren

Physiognomischer Rest

Suhrkamp Verlag GmbH
Torstraße 44, 10119 Berlin
info@suhrkamp.de
www.suhrkamp.de